Sebastian Guhr

MR. LINCOLN

&

MR. THOREAU

SEBASTIAN GUHR

MR. LINCOLN
&
MR. THOREAU

ROMAN

S. Marix Verlag

INHALT

APOLOGIE

Dies ist ein Roman, in dem eine vergangene Welt konstruiert wurde, um etwas über die heutige Welt auszusagen. Die Originalquellen dienten mir als Sprungbretter, und wenn ich mich entscheiden musste, habe ich die literarische Lösung der historisch-korrekten vorgezogen. Wirkung ist wichtiger als eine Wirklichkeit, wie sie angeblich war.

Über Nacht
haben sie den Wald
mit Wald ersetzt,
die Vögel,
mit Vögeln, den Fuchs
mit einem Fuchs.

REIN

Abraham Lincoln ist erst achtundzwanzig, aber er sitzt krumm wie ein alter Mann auf seinem Esel, als er in Springfield einreitet. Seinen neuen Zylinder setzt er sich kurz vor der Stadtgrenze auf. Er soll hier eine Assistentenstelle in einer Kanzlei antreten, aber er ist schlecht gelaunt, weil er nur ein Prärieanwalt ist, weil für den Zylinder fast sein ganzes Geld draufgegangen ist, und weil er seit Tagen überlegt, wie er die Verlobung mit einer Frau, die er nicht liebt, auflösen kann. Er weiß nicht, wie er in diese Sache reingerutscht ist, aber er wird der Dame in Kentucky einen Brief schreiben müssen. Zunächst aber braucht er eine Unterkunft.

Die Weißen sind noch nicht lang in dieser Gegend, Springfield wurde erst vor fünf Jahren gegründet, und hier wie in Kentucky gibt es immer noch Indianer-Überfälle. Lincolns Großvater wurde beim Anlegen eines Maisfelds von einem Shawnee-Indianer erschlagen, diese Geschichte erzählt man sich in seiner Familie immer wieder. Auf seinem Esel reitet er am heruntergekommenen Postamt vorbei, dann am Bordell, das offenbar frisch renoviert wurde. Vorbeifahrende Kutschen bespritzen ihn mit Schlamm, und er fragt sich, was eigentlich mit dem Geld geschehen ist, das er als Mitglied der Whig-Partei für die Erneuerung von Illinois' Infrastruktur bewilligt hat. Hier scheint nichts davon angekommen zu sein.

Um sich nach einer günstigen Unterkunft zu erkundigen, steigt er vor einem Gemischtwarenladen ab und bindet den

Esel fest. Gleichzeitig formuliert er in Gedanken den Brief an die Lady in Kentucky: *Springfield ist kein guter Ort für Sie, Miss Owens. Man kann hier keine zwei Schritte gehen, ohne vom Schlamm besudelt zu werden. Ohnehin gebe ich zurzeit eine ganz miserable Erscheinung ab, ich habe kein Geld und keine Hoffnung, und ich frage mich, ob ich Ihrer überhaupt würdig bin.*

Mit der Satteltasche über der Schulter betritt er den Laden. Es riecht nach Tabak und feuchten Fellen. Dem Mann hinter der Kasse erzählt er von Mr. Stuarts Kanzlei, dass er dort anfängt und eine Unterkunft sucht.

»Stuart? Noch nie gehört. Wie heißen Sie?«

Er zögert, seinen Namen zu nennen. Manchmal wird er von Anhängern der Demokraten angefeindet und es kam auch schon zu Handgreiflichkeiten. Er ist ein guter Ringer, aber seine Leidenschaft gilt der Sprache. »Abraham Lincoln«, sagt er leise. »Anwalt und Politiker«, fügt er hinzu, aber der Händler kümmert sich schon nicht mehr um ihn.

Er nimmt den Hut ab, aus Höflichkeit und weil es warm im Laden ist. Er sieht sich um, während die Sätze an Miss Owens ihm noch durch den Kopf schwirren, und er fragt sich, ob er tatsächlich den Mut aufbringen wird, ihr diesen Brief zu schreiben: *Liebe Miss Owens, die Liebe ist ein ganz anormaler Zustand, der Merkmale einer Krankheit besitzt. Außerdem glaube ich nicht, dass Sie mich wirklich lieben. Ich bin völlig uncharmant.*

Ihm fällt auf, dass fast alles in dem Laden die Größe von etwas anderem hat: Manschettenknöpfe so groß wie Taschenuhren, Bleistifte so dick wie Zigarren, Hühnereier so klein wie Wachteleier.

»Was ist mit den Eiern passiert?«

Der Händler zuckt mit den Schultern.

Ist er wirklich völlig uncharmant? Er fühlt sich meistens schwach, und wie jeder schwache Mensch mag er Regeln und Gesetze. »Haben Sie wirklich noch nie von der Anwaltskanzlei Stuart gehört?«

»Hab' noch nie einen Anwalt gebraucht.« Der Händler blickt spöttisch, so als ahnte er, dass Lincoln noch gar kein richtiger Anwalt ist. »Sie suchen also eine Unterkunft? Für fünf Penny die Woche können sie oben in meiner Kammer schlafen. In meinem Bett, falls es Sie nicht stört. Mein Name ist Joshua Speed.«

»In Ihrem Bett?« Er ist bestürzt, möchte aber nicht vorschnell ablehnen.

»Es ist breit genug für uns beide.«

Eigentlich ist es Lincoln egal, wo er schläft. Er spürt nur eine Leere in sich und den Wunsch, sich auszuruhen. Er forscht im Gesicht des Gemischtwarenhändlers nach etwas Verdächtigem. Aber der Mann blickt freundlich und offen, und da der Laden einen sauberen Eindruck macht, nimmt Lincoln das Angebot an.

Nachdem er seine Sachen in die Kammer gebracht und sich eine Fliege umgebunden hat, besucht er die Kanzlei. Die Adresse steht oben auf dem Brief, den er als Zusage bekommen hat. Von außen sieht das Haus noch verwahrloster aus als die Umgebung. Mr. Stuart empfängt ihn freundlich, aber das Büro besteht nur aus einem einzigen, schäbigen Raum. Vor dem Fenster schirmt eine Brandmauer das Tageslicht ab, auf dem Fensterbrett liegen tote Fliegen, und der Abort befindet sich, wie Stuart ihm mitteilt, hinten im Hof. Lincoln bemüht sich trotzdem, dankbar zu sein. Es ist seine erste Stelle, seit er das Anwaltspatent erworben hat, und bis vor Kurzem wäre es ihm wie ein Märchen erschienen, überhaupt in einer Kanzlei zu arbeiten. Vor drei Jahren hat er noch Baumstämme den Mississippi runter bis nach New Orleans gebracht, dann war er kurz Landvermesser, bevor er in die Lokalpolitik einstieg. Gelesen hat er schon immer viel, und die juristische Bibliothek im Staatsparlament wurde sein zweites Zuhause.

Er hängt seinen Zylinder an einen einfachen Haken in der Wand. Sein Schreibtisch ist ein Waschtisch, den Mr. Stuart günstig erworben hat. Und der Stuhl, der daneben steht, wackelt, als Lincoln sich darauf setzt.

»Solang ich schreiben kann, stört es mich nicht.« Wie um es zu demonstrieren, schraubt er das Tintenfass auf und greift nach der Feder. Obwohl es früher Nachmittag ist, muss er eine Öllampe anzünden.

Er bittet Mr. Stuart um Papier und verfasst den geplanten Brief an Miss Owens. Mehrmals beginnt er von Neuem und schwächt vorherige Formulierungen ab. Am Ende klingt der Brief irgendwie mehrdeutig: *Sie wären nicht glücklich hier, Miss Owens. Ich weiß, Sie haben hohe Ansprüche an Ihre Lebensverhältnisse, und ich könnte es nicht ertragen, Sie enttäuscht zu sehen. Auf den Straßen Springfields watet man knöcheltief im Schlamm, und die Schweine hier sind vor Hunger so aufdringlich, dass sie den Damen die Rockzipfel anknabbern! Seit meiner Ankunft habe ich noch keine Bibel zu Gesicht bekommen, und es ist fraglich, ob es hier überhaupt eine Kirche des wahrhaften Glaubens gibt. Ich aber sehe es als meine Pflicht, einer Frau, mit der ich zusammenlebe, Sauberkeit, Wohlstand und Frömmigkeit zu bieten. In meiner jetzigen Situation kann ich also nur versagen.*

Als er Miss Owens das letzte Mal in Kentucky getroffen hat, war er überrascht, wie wenig er sich von ihr angezogen fühlte. Er wusste, dass sie im Ort als alte Jungfer galt und dass ihre Nase gewaltig war, aber während seiner mehrmonatigen Abwesenheit hatte er das verdrängt. Bei einem gemeinsamen Spaziergang sprach er fast gar nicht, sie dagegen sehr viel, und vor seiner Abreise schenkte sie ihm ein kleines Portrait in einer Brosche, die nun auf dem Grund seiner Satteltasche liegt. Er hat es nie gewagt, die Brosche zu öffnen.

Seien Sie nicht enttäuscht, meine liebe Miss Owens. Ich freue mich auf Ihre Antwort, bitte schreiben Sie mir einen schönen, langen Brief. In dieser tristen Wildnis kann ich jede Aufmunterung gebrauchen. Aber schlagen Sie sich bitte alle Umzugspläne aus dem Kopf. Sie hier zu haben, würde meine Krise nur verschlimmern.

Ihr Abraham Lincoln

Er lässt die Feder sinken und starrt auf die Brandmauer hinter dem Fenster. Glaubt er das, was er da geschrieben hat? Oder spielt er eine Komödie? Oft hat er das Gefühl, stolpernd durchs Leben zu gehen, unseriös und unelegant. Ein Bauer in der Stadt, das ist er.

Die verbleibenden Stunden bis zur Schließung der Kanzlei verbringt er mit der Durchsicht aktueller Fälle. Da Mr. Stuart ebenfalls ein Mitglied der Whigs ist, verstehen sie sich auf politischer Ebene. Sie schimpfen gegen den Krieg mit Mexiko und gegen die Sklaverei, die sie aus religiösen und moralischen Gründen ablehnen. Lincoln ist in seinem Element, er steht auf, zitiert die Stelle aus der Unabhängigkeitserklärung, wo steht, dass alle Menschen gleich geschaffen wurden, und modelliert jedes seiner Worte mit den Händen nach. An der gespannten Aufmerksamkeit, mit der Stuart ihm zuhört, merkt er, wie gut er in dieser Rolle als Redner ist. Er merkt es nicht zum ersten Mal. Auch deshalb ist er Politiker geworden.

Als er sich wieder hinsetzt, fällt auch sein Überschwang in sich zusammen. Er hätte für immer weitergesprochen, wenn Stuart ihm ein Glas Wasser angeboten hätte. Meistens, wenn er auf einer Rednerbühne steht, vergisst er sich selbst. Jetzt ist sein Mund trocken, seine Gedanken schweifen ab, und er ist wieder der schlaksige, melancholische Riese mit dem leicht schiefen Gesicht. Als Kind wurde er von einem Pferd am Kiefer getroffen.

Die meisten Klienten der Kanzlei sind arm, woraus Mr. Stuart keinen Hehl macht und was auch Lincoln nicht stört. Im Gegenteil. Er hat hier das Gefühl, etwas Gutes zu tun. Er stammt selbst aus einfachen Verhältnissen, ist auf einer Farm aufgewachsen, in einer Blockhütte, die nur aus einem einzigen Raum bestand. Seine Mutter ist früh gestorben, und seine Stiefmutter brachte die ersten Bücher ins Haus. Manchmal hat sein Vater ihn geschlagen, um ihn vom Lesen abzuhalten. Was er weiß, hat er sich weitgehend im Selbststudium beigebracht.

Auf dem Nachhauseweg gibt er den Brief an Miss Owens im Postamt auf. Kurz zögert er, bevor er den Umschlag loslässt und sein Schicksal besiegelt. Die Zeit für die Ehe ist noch nicht gekommen, falls er überhaupt jemals heiraten wird, er weiß es nicht. Dirnen stehen an den Straßenecken, schauen ihm hinterher, unschlüssig, was mit ihm anzufangen sei. Er geht an brennenden Tonnen vorbei, die als Straßenbeleuchtung dienen. Gaslaternen, wie sie in jeder größeren Ostküstenstadt zu finden sind, gelten hier als Luxus. Einmal war er in Boston, auf einem Parteitag der Whigs, daran erinnert er sich oft. Er kam sich wie ein Hinterwäldler vor.

Als er Mr. Speeds Haus erreicht, ist die Vordertür verschlossen, was Lincoln vernünftig findet, angesichts der fragwürdigen Nachbarschaft und den vielen Dirnen. Er steht unten auf der Straße im Schlamm und ruft seinen zukünftigen Mitbewohner. Kurz darauf wird oben ein Fenster geöffnet und Speed beugt sich mit nacktem Oberkörper hinaus. Lincoln ist verunsichert. Hat Speed ihn vergessen? Hat er schon geschlafen?

»Abe, was ist?«

»Ich habe keinen Schlüssel.«

»Warte, ich komm' runter.«

Er merkt, wie die Dirnen über ihn tuscheln und sich endgültig abwenden. Dass seine Armut ihn zwingt, mit einem Mann in einem Bett zu schlafen, hätte Miss Owens vermutlich mehr abgeschreckt als alles andere, was er geschrieben hat. Bei der Vorstellung, Miss Owens oder jemand anderes könnte davon erfahren, wird ihm heiß.

Die Haustür wird von innen aufgeschlossen, und es kommt eine Frau heraus, die sich ihre Bluse zuknöpft. Hinter ihr erscheint Joshua Speed, grinsend und verschwitzt. Er kneift der Frau zum Abschied in den Hintern und wendet sich dann Lincoln zu.

»Warum so bedrückt, Abe? Hast du deine Kanzlei gefunden?«

»Tut mir leid, dass ich störe.«

Joshua winkt ab und geht die Treppe wieder hoch. »Wir haben nur das Bett getestet.«

Lincoln sieht dem Händler hinterher und bewundert dessen lockere Art. Vielleicht kann Joshua ihn unter seine Fittiche nehmen? Es wäre wichtig, hier einen Freund zu haben.

RAUS

Henry David Thoreaus Seele und Körper sind vor Kurzem ins Torkeln geraten. Sie stolperten und behinderten sich gegenseitig, seit sein Bruder John sich beim Rasieren in den Finger geschnitten hat und an den Folgen einer Tetanusinfektion starb.

Um sich vom Tod seines Bruders zu erholen, hatte Thoreau eine Kanufahrt den Sudbury hinauf gemacht. Er nahm eine Angel mit, um sich wie ein Indianer aus dem Wasser zu ernähren und briet den Fisch abends am Ufer, aber der Boden war trocken und das Feuer griff schnell auf das Laub der Umgebung über. Plötzlich stand Thoreau vor einer Feuerwand, die sich rasend ausbreitete, Eichhörnchen rannten davon und eine brennende Taube flatterte aus dem Qualm heraus. Er hörte Glocken läuten und hoffte, dass die Stadtbewohner hierher unterwegs waren. Er selbst würde das Ungeheuer, das er in die Welt gesetzt hatte, nicht mehr kontrollieren können.

Als der Besitzer des Waldstücks mit Helfern kam, saß Thoreau auf einer felsigen Anhöhe und beobachtete das Schauspiel. Er hatte kapituliert, er war wie paralysiert und schämte sich.

Und jetzt will Thoreau nur noch fort von den Menschen. An diesem Märztag des Jahres 1845 ist er früh aufgestanden, hat das Haus seiner Eltern verlassen und ist zur Schmiede gegangen. Er braucht Werkzeug, um sein Leben zu ändern, dringend, bevor er den Mut verliert.

Er sieht sich in der Schmiede um und zählt die Hufeisen, die an den ungeputzten Wänden hängen, fängt immer wieder von vorn mit dem Zählen an, um sich abzulenken, bis der alte Scudder aus der hinteren Werkstatt kommt und ihn fragend ansieht. »Eine Axt willst du?«

»Und einen Hammer und Nägel. Bitte. Und eine Säge.«

Der alte Scudder mag ihn nicht, er war damals mit im Wald, um das Feuer zu löschen. »Was hast du diesmal vor?«

Dreihundert Morgen sind durch Thoreaus Achtlosigkeit zerstört worden, darunter viel Jungwald, und dazu endgültig sein Ansehen bei den Bewohnern Concords. Sie schimpfen ihn Feuerteufel und spucken hinter seinem Rücken aus, aber deshalb will er sie nicht verlassen. Er kümmert sich nicht darum, was die Menschen von ihm denken. Es geht ihm um sein eigenes Leben, um seine Gesundheit, und um die Gesundheit seines Denkens. Ja, er will sich eine gesunde Umgebung für sein Nachdenken bauen.

»Nur geliehen«, sagt Thoreau und versucht zu lächeln. Geld, um sich eigenes Werkzeug zu kaufen, besitzt er nicht. Er hat alles verschenkt. Er glaubt nicht an Besitz, nicht daran, dass er mit Geld gesund leben kann.

»Aber wofür?« Scudder wischt sich seine Hände an einem Lappen ab, sein Interesse ist geweckt, auch wenn er ahnt, dass nichts Gutes dabei herauskommt.

»Um mein Leben von allem Nutzlosen abzuspalten.«

»Willst du dir eine Tonne als Zuhause zu bauen?«

»So ähnlich.« Er überlegt, wie viel er einem Stadtbewohner von seinen Plänen verraten darf. Er war zu lange viel zu offenherzig gewesen. »Einen Ort, wo ich ganz bei mir sein kann. Ich muss über mich nachdenken.« Er vergräbt seine

Hände in den Taschen seines Baumwollhemds, ballt sie zu Fäusten, starrt auf den Lehmboden.

»In Gottes Namen, du meinst es wirklich ernst.« Scudder macht ein Kreuz mit der Hand, schüttelt den Kopf, holt Axt, Hammer und Nägel und wirft sie ihm vor die Füße. »Aber meine Säge bekommst du nicht.«

Thoreau packt das Werkzeug in den Rucksack und bedankt sich hastig. Halb hat er damit gerechnet, sich auf anderem Weg Werkzeug zu besorgen, nachts in einen der Höfe einbrechen zu müssen oder Schlimmeres. An Gesetze glaubt er schon lange nicht mehr. Zumindest nicht an das Gesetz der Stadt.

Als er aus der Schmiede tritt und die Kirche, das Gerichtsgebäude und das Postamt sieht, bekommt er keine Luft mehr. Sein Hals schnürt sich zu und er spürt, wie der Schweiß von seiner Stirn rinnt. Er hat genug von dieser kleinen, ordentlichen Stadt. Die meisten Menschen hier leben in stiller Verzweiflung, und sie sind ernsthaft überzeugt, es gäbe keine Wahl.

Er will ihnen zeigen, dass es eine Wahl gibt und beginnt zu rennen, an Geschäften und bürgerlichen Häusern vorbei, aus deren Fenstern sie ihm hinterhersehen wie einem Verrückten. In dieser Stadt wurde er geboren, seine Familie gehört zu den ältesten hier, und er hatte eine behütete Kindheit. Der Ärger begann, als er nach dem Studium hierher zurückkehrte und ein paar Reformen vorschlug. Eine Gemeinschaftskasse, eine Wohlfahrt für die Armen. Das haben ihm die weniger Armen verübelt.

Eine Tonne auf dem Marktplatz, wie Scudder meinte, wird es nicht werden, eher ein Kürbis draußen im Wald. Thoreau rennt immer noch, in Richtung Wald, und das schwere Gepäck auf seinem Rücken klappert mit jedem Schritt. Er spürt die Stadt hinter sich – hinter und über sich, wie schwebend. Die Meinungen, die Vorurteile, das Geschwätz, sie enden nicht an der Stadtgrenze, nein, sie verfolgen ihn. Sein Weg führt an Feldern und an einer Wassermühle vorbei, und bevor er den Pfad in den Wald hinein nimmt, dreht er sich noch einmal um. Nur noch der Kirchturm ist zu sehen und das Hämmern der Schmiede zu hören. Das helle, metallene Klirren, wenn der Hammer auf den Amboss trifft, stur und produktiv. Die Arbeit der Stadt wuchert nach innen und außen, auch davor flieht Thoreau. Die Stadt hat ihn zu einem von Krankheit befallenen Nervenbündel gemacht, das zwischen Zeit und Ewigkeit steht wie ein welkes Blatt. Ein welkes Blatt, das nur noch zitternd am Ast hängt.

Aber er muss aufpassen, sich nicht zu sehr aufzuregen. Dann kennt er keine Nuancen mehr, dann wird sein Denken zu einer Horde Büffel. Ständiges Ärgern über die Verhältnisse lässt einen das Beste in sich vergessen.

Er geht weiter, beginnt zu schlendern und blickt nach oben, wo die Baumkronen sich zu einem durchlässigen Dach verbinden. Das Wetter ist kühl für einen Frühlingstag, aber hier und da sprießen schon grüne Zweige. Dutzende Grüntöne, die er sieht und nochmal dutzende, die er noch nicht sieht, aber sehen lernen möchte. Er atmet tief ein. Der Schweiß auf seiner Stirn ist getrocknet. Allmählich bekommt er wieder Luft.

Sein Freund Ralph Waldo Emerson, der große Philosoph und berühmteste Sohn der Stadt, hat ein Waldstück gekauft und ihm erlaubt, dort eine Hütte zu bauen. In Harvard gehörten sie einem gemeinsamen Zirkel an, den Transzendentalisten.

Waldo stammt aus einer reichen Familie, und Thoreaus Verhältnis zu ihm ist widersprüchlich. Einerseits hält er ihn für einen Snob, andererseits bewundert er seine Schriften. Thoreau trägt ein Buch von ihm mit dem Titel *Natur* im Gepäck, das er schon dreimal gelesen und mit vielen Anmerkungen versehen hat. Auch Thoreau wollte Schriftsteller werden, damals, in glorreichen Harvard-Zeiten, aber seine Buchprojekte hat er aufgegeben, nachdem seine Aufsätze von sämtlichen größeren Ostküsten-Zeitschriften abgelehnt wurden. Margaret Fuller, ebenfalls Transzendentalistin und Herausgeberin der Zeitung *Dial*, hat ihm fehlende Stringenz in seinen Texten vorgeworfen. Es stimmt schon, sein Denken ist wild. Aber was gibt es Schöneres, als das natürliche, urwüchsige Denken?

Durch Baumstämme hindurch erscheint der Waldensee und eine Lichtung, wo junge Tannen und Walnussbäume wachsen. Noch ist das Eis auf dem See nicht geschmolzen, aber es gibt schon einzelne offene Stellen. Thoreau weiß nicht warum, aber er muss plötzlich weinen. Ist das der Ort, den er gesucht hat? Tränen kullern ihm die Wangen hinab, und er nickt und lächelt, als ob er dem See einen guten Morgen wünscht. Das Einzige, was er hier in den kommenden Monaten machen möchte, ist wandern, nachdenken, lesen und körperlich arbeiten. Er möchte die Essenz des Lebens in sich aufsaugen, um alles in sich auszurotten, was nicht lebendig ist. Die toten, ungesunden Elemente wie Kieselsteine ausspucken.

Er lässt den Rucksack fallen und legt sich der Länge nach hin, vergräbt sein Gesicht im Nadelboden und riecht die Erde. Man muss offenbar nicht weit in die Wildnis hinausgehen, um so einen Ort zu finden. Ganze drei Meilen haben genügt.

Da es erst Mittag ist, fühlt er sich frisch und bereit für die Arbeit. Zunächst bestimmt er den Ort für die Hütte und das kleine Feld, das er anlegen möchte. Dann kommt Scudders Axt zum Einsatz. Thoreau ist handwerklich begabt, im Gegensatz zu Waldo mit seinen zwei linken Händen. Waldo hat zwar ein Buch über die Natur geschrieben, hält es aber keinen halben Tag in der Natur aus. Dieser Gedanke belustigt Thoreau, er kichert vor sich hin, während er das Unterholz lichtet.

Der erste Baum fällt nach drei Stunden. Vorher ist Thoreau auf ihn geklettert und hat nach Vogelnestern gesucht, die er auf andere, weiter entfernt stehende Bäume umsiedelte. Jetzt benutzt er die Axt als Fällkeil und lehnt sich gegen den Stamm, bis dieser knackend nachgibt und auf den Waldboden niederrauscht. Vögel flattern davon, ihr Kreischen hallt durch den Wald wie durch eine Kathedrale.

Mehr schafft er heute nicht. Er kehrt am nächsten Tag zurück, um weiter Holz zu schlagen und zu bearbeiten, und am Tag darauf, bis eine Woche vergangen ist. Da der Boden sich als steinig erweist, sammelt er die größeren Brocken auf einem Haufen, aus dem er später einen Backofen bauen möchte. Bis dahin isst er mittags sein Butterbrot, auf einem Baumstumpf sitzend. Die Sonne wärmt ihm die Stirn. Seine Finger kleben vom Harz und auch das Brot schmeckt nach Wald. Er liest die Zeitung, in die seine Mutter das Brot eingepackt hat, und er stellt fest, dass es nichts Neues in der Welt gibt. Ein paar Landgewinne im Krieg gegen Mexiko, die die Grenze der Sklavenhalterstaaten weiter nach Süden verschieben. Und der Norden schweigt wie immer dazu. Thoreau seufzt und knüllt die Zeitung zusammen. Die ewige Dummheit der Menschen. Das ist nichts, womit er sich hier draußen beschäftigen möchte.

SCHWARZ

Seit Tagen regnet es. Lincoln sitzt mit Mr. Stuart an einem schwierigen Fall, aber er ist abgelenkt und hört nicht zu. Er denkt an Miss Owens, bereut seinen Brief und fühlt sich verlassen. Wie ein armer Geist unter einem Stein fühlt er sich, ohne Hoffnung, jemals wieder geliebt zu werden.

»Mr. Lincoln, hören Sie mir überhaupt zu?«

»Entschuldigung. Die Auflösung meiner Verlobung nimmt mich etwas mit.« Auflösung, denkt er, was für ein passendes Wort. Er löst sich gerade auf wie Zucker in einem Glas Wasser.

»Aber Sie wollten diese Frau doch gar nicht heiraten.«

»Es ist dumm, ich weiß. Möglicherweise war ich doch ein wenig in sie verliebt.«

Nein, das stimmt nicht. In Wahrheit sehnt er sich einfach nach einem liebevollen Brief. Auf seinen letzten hat Miss Owens nicht geantwortet, was er ihr nicht verdenken kann. Stattdessen kam ein Telegramm ihres Vaters, darin das böse Wort »Auflösung«.

»Sie sind wirklich komisch.« Der kleine Mr. Stuart schüttelt den Kopf und beugt sich über eine Akte.

Lincoln fröstelt, seine Kleidung ist klamm. Der Regen macht die Brandmauer vor dem Fenster noch schwärzer als sonst. Vor dem Regen gibt es sogar im Büro kein Entkommen, denn Wasser dringt durch ein Loch im Dach und durch die Zimmerdecke, an der sich eine schwere, dunkle Beule gebildet hat. Lincoln hat einen Eimer darunter gestellt, aber das metallene Klacken, das entsteht, wenn ein Tropfen in den Eimer fällt, geht ihm auf die Nerven.

»Wenn wir uns gestritten hätten, wäre es etwas anderes«, jammert er. »Mein Brief war zweideutig, das gebe ich zu. Aber gar nicht darauf zu antworten? Das gibt mir das Gefühl, sie hätte schon vorher an mir gezweifelt.«

Er blickt zum Fenster. Manchmal hat er den Impuls, Anlauf zu nehmen und durch die Scheibe zu springen. Er würde gegen die Brandmauer klatschen, dann zwei Meter in die Tiefe fallen. Tot wäre er dann bestimmt noch nicht. Oder? Er zweifelt einfach zu schnell an allem.

Um sich zu beruhigen, schreibt er Briefe, den ersten an seine Stiefmutter, darin lobt er seine Unterkunft und die Kanzlei in höchsten Tönen. Obwohl sie ihn mit Robinson Crusoe und den Geschichten aus Tausendundeiner Nacht bekannt gemacht hat, kann sie nur schlecht lesen und nicht schreiben. Wenn er ein wenig Geld übrighätte, würde er es nach Hause schicken. Der zweite Brief geht an Ralph Waldo Emerson, der einmal einen Vortrag in Springfield gehalten hat. Die halbe Stadt war dagewesen und hat sein Buch *Natur* gekauft. Auch Lincoln hat es gelesen, ohne besondere Begeisterung. Er ist in der Natur aufgewachsen, er sieht keinen Sinn darin, sie zu verklären. In dem Brief spricht er Fragen der Verfassung und das Problem der Sklaverei an, und er hofft, in einen intellektuellen Austausch mit dem Philosophen zu treten.

Da klackt es wieder metallisch, und Lincoln sieht zum Eimer hinüber. »Wie soll man sich bei diesem Lärm konzentrieren?«

Mr. Stuart scheint das nicht zu stören, aber er sagt trotzdem, dass er sich darum kümmert. »Sie können ruhig nach Hause gehen. Wir machen morgen weiter, Mr. Lincoln.«

Er steht auf, sagt etwas Versöhnliches zu Stuart und zieht seinen Mantel an. Er muss aufpassen, es sich nicht mit ihm zu verscherzen. Zum Abschied versucht er zu lächeln, was ihm nur halb gelingt. Er bräuchte ein dauerhaftes, stabiles Lächeln, das er zwischen sich und die Welt stellen kann.

Er geht den kürzesten Weg nach Hause, betritt die Kammer, wo es feucht und muffig wie in einer Bärenhöhle riecht. Eine Frau, die er nicht kennt, zieht gerade ihre Strumpfbänder fest, sie ignoriert ihn. Joshua begrüßt ihn und schlüpft hüpfend in seine Unterhose. Er hat den gedrungenen, muskulösen Körper eines Boxers. »Abe, du kommst früh heute.«

»Mr. Stuart hat mich nach Hause geschickt, mir geht's nicht gut.«

Als die Frau gegangen ist, öffnet Lincoln das Fenster. Draußen hat der Regen nachgelassen. Ein Hund bellt, und ein Schuhputzer packt auf der zerwühlten Straße sein Handwerkszeug aus.

»Lass dich von der Lady in Kentucky nicht runterziehen«, sagt Joshua.

»Du hast ständig neue Freundinnen.«

»Wenn es das ist, geh ins Bordell!«

»Das ist es nicht. Außerdem weiß ich nicht, ob ich das könnte.«

Er lässt sich aufs Bett sinken, fühlt sich müde. Es ist eine Schlaffheit, wie er sie von manchen Sonntagen aus seiner Kindheit kennt. »Wie heißt die Frau von eben?«

»Clarissa. Gefällt sie dir?«

Joshua lässt sich aufs Bett fallen, Lincoln wird kurz angehoben. Nachts liegt er oft wach, während der Gemischtwarenhändler neben ihm immer gut schläft.

»Ich mach' mir Sorgen um dich.« Joshuas Bein und ein Arm ragen auf Lincolns Bettseite hinüber. Ein Geruch nach Kümmel und frischem Schweiß, vielleicht nach Sex, weht zu ihm herüber.

Joshua ist nicht der Mensch, mit dem er gut reden kann. Sie sind sehr verschieden. »Ich brauche eine feste Bindung, um den Alltag zu bewältigen. Und wenn es nur eine Brieffreundin ist.«

Joshua stützt seinen Kopf auf den Unterarm, sieht zu ihm herüber und betrachtet ihn wie eine seltene Fledermausart. »Wollen wir ringen? Hab' gehört, du bist ein guter Ringer.«

Lincoln seufzt. Er gibt sich einen Ruck und springt aus dem Bett. »Du hast recht.«

Er versucht, seine Müdigkeit abzuschütteln, bindet sich seine Fliege um und nimmt seinen Hut vom Haken. »Ich werde es tun. Einfach, um es gemacht zu haben.«

»Was?«

»Das Bordell.«

Ein wenig Streicheln, eine Umarmung, mehr verlangt er nicht. Aber schon draußen auf der Straße kommen ihm Zweifel. Was, wenn er sich lächerlich macht oder ein Parteifreund ihn sieht? Oder wenn er sich die Syphilis holt.

Seine Schritte schmatzen im Schlamm, funzliges Licht brennt hinter niedrigen Fenstern. Der Schuhputzer und andere Passanten folgen ihm mit ihren Blicken, als wüssten sie, wohin er geht.

Drei Mädchen sind gerade frei. Die plüschige Atmosphäre und die roten Samtvorhänge im Empfangszimmer erinnern ihn an Weihnachten. Er wählt Crystal, die sich vor ihm um die eigene Achse dreht. Allerdings ist im schummrigen Licht nicht allzu viel zu erkennen.

Sie nimmt seine Hand, führt ihn in ein freies Zimmer, und wahrscheinlich sieht sie ihm an, dass er unerfahren ist. Völlig unerfahren. Sie schließt die Tür und zupft die Träger von ihren knöchrigen Schultern, ihr Kleid fällt wie ein nasser Lappen, entblößt ein kleines Bäuchlein und rotes Schamhaar. »Voilà!«

Als sie ihn küssen möchte, riecht er ihren Schnapsatem. Ist sie betrunken? Er weicht aus, aber das ist nichts, was Crystal nicht schon hundertmal erlebt hätte und persönlich nehmen würde.

»Dann begebe ich mich mal südwärts«, flüstert sie, und er wundert sich, dass sie noch nicht über die Bezahlung gesprochen haben.

Crystal knöpft seine Hose auf, greift hinein und blickt ein wenig enttäuscht zu ihm hoch. »Gefalle ich dir nicht?«

»Ich war abgelenkt.«

»Du gehörst zu den Schüchternen, hm?«

»Was kostet …«

»Ich hauche ihm Leben ein, ja?« Sie gluckst bei vollem Mund, er streicht ihr übers Haar und fragt sich, welche Krankheiten sie hat. Waren ihre Zähne faulig?

»Was kostet das eigentlich?«

»Sechs Dollar.«

Sein Bauch und sein Becken verkrampfen. »Ich hab' nur vier.«

Crystal blickt zu ihm auf. »Macht nichts. Willst du nicht deinen Hut abnehmen?«

Er stößt sie weg, so derb, dass sie nach hinten kippt. Obwohl er sich sofort entschuldigt, springt Crystal davon und versteckt sich hinter einer spanischen Wand, unter der ihre nackten Füße hervorschauen.

Er zieht seine Hose hoch. »Tut mir leid, Madam, ich wollte Sie nicht erschrecken. Ich kann mir das einfach nicht leisten.«

»Das fällt dir jetzt ein?« Sie ruft um Hilfe, und es ist nur eine Frage von Sekunden, bis der Rausschmeißer kommt.

Lincoln stürzt aus dem Zimmer, springt die Treppenstufen hinunter und in den Matsch hinaus. Auf der Straße rennt er weiter, mit einer Hand seinen Hut festhaltend, bis er nicht mehr kann.

Am Unabhängigkeitstag nimmt Joshua ihn auf ein Fest der Demokraten mit. Er fühlt sich deplatziert, im Gegensatz zu Joshua, der Politik gern mit den verschiedenen Angelhaken in seinem Laden vergleicht. »Einige sind für Karpfen, andere für Forellen geeignet. Ich verkaufe sie alle.«

»Zum Glück denkt nicht jeder wie du.«

»Diese Nacht werde ich nicht in unserer Kammer schlafen.« Joshuas Augenbrauen tanzen anspielungsreich, er wirft eine Weintraube in die Luft und fängt sie mit dem Mund auf. Als Joshua die nächste Weintraube in die Luft wirft, schnappt Lincoln sie ihm weg. »Benimm dich.«

»Entspann dich, Abe!«

Eigentlich ist er nur mitgekommen, weil Mary Todd, die Tochter eines Bankiers aus Lexington, hier sein soll. Sie ist kürzlich nach Springfield gezogen, wo sie bei ihrer Schwester und deren Ehemann Ninian Edwards wohnt. Seit Mary Todds Ankunft kennen Springfields Junggesellen nur ein Thema.

»Viel Glück bei Miss Todd«, flüstert Joshua und geht einer jungen Frau hinterher.

Allein am Buffet fühlt sich Lincoln zu keiner spontanen Regung fähig. Sogar die Länge seiner Atemzüge misst er ab, nur um nicht aufzufallen. Er nimmt ein gebratenes Täubchen und reißt mit den Zähnen ein Stück Brustfleisch heraus, das ihm wie feuchte Wolle im Mund liegt. Der Ballsaal ist mit rot-blauen Girlanden geschmückt, auf einer Bühne spielt ein kleines Orchester. Und davor tanzt Miss Todd mit einem älteren Mann.

Tagsüber gab es einen Umzug der Veteranen aus den Unabhängigkeitskriegen, da ist ihm Mary schon einmal begegnet. Sie stand am Straßenrand mit einem Sonnenschirm in der Hand, und er wollte sich ihr vorstellen, hat sich durch die Reihen der Veteranen geschoben, aber als er auf der anderen Straßenseite ankam, war sie verschwunden.

Ein Zwinkern von ihr würde ihm Mut machen, aber sie konzentriert sich ganz auf ihren Tanzpartner, den demokratischen Abgeordneten Mr. Johnson. Sie tanzt wie ein Wirbelwind, die Luft um sie herum dreht sich und zieht Menschen und Dinge in ihren Sog. Lincoln bewegt sich zu ihr, ohne dass er es beschlossen hätte. Er stößt gegen Schultern und entschuldigt sich, jemand spricht ihn von der Seite mit schriller Stimme an. »Guten Abend Mr. Lincoln! Sie hätte ich hier am Wenigsten erwartet!«

Unwillig wendet er sich James Shields, Illinois' neuem Schatzmeister, zu, gibt ihm die Hand und verliert Mary aus den Augen. »Guten Abend, Mr. Shields.«

»Ich muss schon sagen, ihr Whigs habt uns ein schlimmes Chaos hinterlassen!«

Lincoln nickt, ohne zuzuhören. Er spürt, wie sich im Planetensystem des Ballsaals etwas verändert, wie er – ja, er! – ins Zentrum rückt, weil Miss Todd ihn auf einer immer kleiner werdenden Umlaufbahn umtanzt. Lincoln folgt ihr mit seinem Blick, verdreht sich fast den Hals, und sie lächelt ihm tatsächlich zu, ein Spiel, das Mr. Shields verdrießt. Nach zwei Umrundungen lässt Mary Todd ihren Tanzpartner los und fängt Lincoln ab, umarmt ihn und flüstert: »Partnertausch.«

»Ich bin ein schlechter Tänzer.«

»Entspannen Sie Ihre Schultern und fragen Sie sich, wo sich Ihre Mitte befindet.«

»Meine Mitte?«

»Wie kann man so formlos leben! Wir lassen es einfach so aussehen, als ob Sie führen.«

»Sie haben Mr. Johnson einfach stehenlassen, das war nicht nett.« Sein Rachen kratzt. Wenn er jetzt hustet, stößt er sie von sich fort und alles ist zerstört. Deshalb lässt er seinen Atem flach werden, bis ihm schwindlig wird.

»Ich finde Mr. Johnsons politische Ansichten langweilig.«

»Ich bin übrigens …«

»Ich weiß wer Sie sind, Mr. Lincoln. Sie arbeiten in der Kanzlei meines Cousins John Stuart, Sie sind ein Whig und Sie vertreten politische Ansichten, die ich mag. Sie haben für das Infrastrukturgesetz gestimmt, nicht wahr? Besonders für den Ausbau der Wasserwege, denn da kennen Sie sich aus, seit Sie Baumstämme über den Mississippi transportiert haben.«

Er ist verblüfft. »Das stimmt.« Aber weiß sie auch von der missglückten Verlobung mit Miss Owens?

»Sie sind eigentlich nicht so formlos, wie ich dachte. Sie brauchen bloß einen passenden Rahmen.«

Er spürt ihre zierlichen Arme auf seinen Schultern, die Wärme, die von ihrem Kopf neben ihm ausgeht. Um sie herum dreht sich die Welt schneller, zieht sich zu Fäden auseinander, schmilzt.

»Mein Schwager, Ninian Edwards, empfängt immer diens-
tags zu einer politischen Runde. Er würde sich bestimmt
freuen, wenn Sie kämen.«

»Wirklich?«

Da endet das Lied und Miss Todd löst sich von ihm. Sie
macht einen Knicks und kehrt ihm den Rücken zu. Er blickt
ihr nach, euphorisiert, aber auch ein wenig wehmütig.

Als ihm Ninian Edwards am Dienstag die Haustür öffnet,
scheint niemand mit ihm gerechnet zu haben. Hat Mary ihn
nicht angekündigt? Kurz wirkt Mr. Edwards brüskiert, aber
er ist zu höflich, den Armenanwalt abzuweisen. Er führt Lincoln in den Salon, wo bereits ein paar Gäste sitzen, und plat-
ziert ihn neben den Kamin, am äußersten Rand der Runde.
Auch Mr. Johnson ist da, er scheint ihm den gestohlenen Tanz
noch zu verübeln. Lincoln rutscht unsicher auf seinem Stuhl
hin und her, fragt sich, ob es ein gemeinsames Essen mit den
Damen des Hauses geben wird. Eigentlich ist er nur wegen
Mary hier.

Ninian bietet seinen Gästen Zigarren an, bevor er sich
selbst in einen Sessel sinken lässt. Er resümiert die aktuellen
politischen Kämpfe und streicht sich beim Reden über seinen
Bart. »Die Verfassung garantiert die Eigentumsrechte der Individuen, also auch der Sklavenbesitzer. Niemand darf in diesem Land enteignet werden.«

»Auch Sklaven sind Individuen«, wirft Lincoln ein. Alle
Köpfe wenden sich zu ihm. Offenbar ist man überrascht, dass
er es wagt, sofort zu widersprechen. »Und man enteignet sie
andauernd, nämlich von ihrer Freiheit.«

»Ach, seien Sie doch still«, ruft Mr. Johnson. »Sie haben
mit Ihrem Infrastrukturgesetz wenig Weitsichtigkeit bewie-

sen! Der arme Mr. Shields muss jetzt das Haushaltsloch stopfen, das Sie geschaffen haben.«

»Bestimmt geht auch Mr. Shields lieber auf gepflasterten Straßen als im Schlamm, und bestimmt zieht er ein funktionierendes Abwassersystem dem Gestank vor.«

»Woher wollen Sie das wissen? Die Menschen sind verschieden.«

»Die Menschen leben zusammen, bilden Gesellschaften, Mr. Johnson! Wir müssen schon ein wenig Geld in diesen amerikanischen Boden stecken, wenn diese junge Nation von Dauer sein soll.«

Die anderen Gäste widersprechen, fallen sich gegenseitig ins Wort und verschaffen Lincoln dadurch eine Verschnaufpause. Eigentlich möchte er sich in Marys Haus gar nicht streiten. Warum hat sie ihn überhaupt in dieses Fegefeuer gelockt? Um ihn zu testen?

Derweil redet sich Mr. Johnson in Rage. »In diesem Staat genügt es, unverschämt zu sein, um sich den Ruf eines Reformers zu verleihen! Jeder Bauer darf hier Politik betreiben!«

Als Lincoln beginnt, erst den einen Hemdärmel aufzuknöpfen, dann den anderen, verstummt Mr. Johnson. Nicht, dass Lincoln ein Raufbold ist, aber wer zwischen Bauernjungen aufwächst, weiß um die Wirkung solcher Signale.

»Gentlemen, wir wollen nicht persönlich werden.« Ninian reicht seinen Gästen Cognacgläser, und Lincoln beschließt, kein Wort mehr über Politik zu verlieren.

Er wird still, die gewohnte Schwermut überflutet ihn. Er raucht eine Zigarre nach der anderen, bis ihm übel wird. Er hatte wirklich gehofft, Mary zu treffen, und natürlich traut er sich nicht, Ninian nach ihr zu fragen. Da er nah am Feuer sitzt, schwitzt er stärker als die anderen. Hält man ihn für betrunken? Was für ein vergeudeter Abend.

Er beschließt zu gehen, lässt sich Hut und Mantel bringen, verabschiedet sich mit einem Murmeln und trottet über den Kiesweg, als Mary hinter einem Fliederstrauch hervortritt. Sie ist blass im Gesicht und trägt nur einen Schlafrock über ihrem Nachthemd. Ihre Augen wirken wund. Hat sie geweint? Hat sie sich wegen ihm gestritten?

»Ich muss mich entschuldigen, weil ich Sie hierhergelockt habe. War es sehr schlimm?«

»Nicht sehr.«

»Ich habe gelauscht und möchte Ihnen sagen, dass ich Ihre Widerworte wichtig fand. Sie hätten auch einfach schweigen können, um keinen Ärger zu provozieren.«

»So bin ich nicht.«

»Das beruhigt mich. Vermutlich wollen Sie nächsten Dienstag trotzdem nicht wiederkommen?«

»Eher nicht.« Er hört die Frösche vom Fluss her quaken und riecht den Flieder. Oder ist es Mary, die so duftet? »Aber morgen werde ich den ganzen Tag in der Kanzlei sein. Vielleicht möchten Sie Ihrem Cousin ja einen Besuch abstatten.«

Sie nickt und zieht sich den Schafrock bis zum Hals, als spüre sie erst jetzt die Kälte.

Am Morgen geht er zum Barbier, lässt sich rasieren und die Haare schneiden, sogar einem Spritzer Parfüm ist er nicht abgeneigt. Später in der Kanzlei wartet er ungeduldig auf Miss Todds Besuch.

Vormittags ist er noch gut gelaunt, kippelt auf seinem Stuhl und plaudert mit den Klienten. Aber als sie am Nachmittag immer noch nicht gekommen ist, wird er ungehalten und beschimpft einen Dieb, weil er sich nicht an das Gesetz gehalten hat. Worauf, wenn nicht auf Gesetze, soll sich eine Gesellschaft denn sonst verlassen? Er empfiehlt dem Mann, sich einen anderen Anwalt zu suchen – was ihm einen vorwurfsvollen Blick von Mr. Stuart einbringt.

Er sucht nach Ähnlichkeiten zwischen Mr. Stuart und Mary, immerhin sind die beiden verwandt. Der breite Mund vielleicht?

Mr. Stuart kommt zu ihm an den Tisch. »Mr. Lincoln, geht es Ihnen wieder schlecht? Wollen Sie vielleicht nach Hause gehen?«

Er schüttelt den Kopf. Allmählich glaubt er, dass Stuart lieber ohne ihn arbeitet. Zweifel steigen in ihm auf, Zweifel an Marys Verlässlichkeit und an seiner Fähigkeit, menschliche Absichten zu erkennen. Hat er sich das, was zwischen ihm und ihr passiert ist, nur eingebildet? Er wäscht sich am Waschbecken die Pomade aus dem Haar und bereut die zwanzig Cent, die der Barbier gekostet hat.

Er geht im Büro auf und ab, setzt sich kurz hin, nur um fünf Minuten später wieder aufzuspringen. Am Abend, kurz vor Schließung der Kanzlei, stößt er gegen den Eimer mit dem Tropfwasser und wirft ihn um.

»Mr. Lincoln, passen Sie doch auf!« Mr. Stuart holt einen Lappen, während Lincoln auf seinen Stuhl sinkt, den Kopf wie ein störrisches Kind auf beide Fäuste gestützt. Alles ist Betrug! Auf niemanden kann er sich verlassen! Das muss er doch inzwischen wissen. Jeder denkt nur an sich.

Sein Blick verschwimmt, aber dann dringen plötzlich Stimmen zu ihm wie durch Nebel. Er spürt eine Hand auf seiner Schulter und sieht auf. Es ist Mary.

»Mr. Lincoln, wie schön, Sie hier zu treffen!«

»Ja, ich bin … oft hier«, stottert er. Mary nickt, als ergäbe das, was er sagt, irgendeinen Sinn.

»Eigentlich wollte ich nur bei meinem Cousin vorbeischauen. Ich komme selten hierher und ich muss sagen, das Büro ist in einem liederlichen Zustand.«

Sie fährt mit einem Finger über ein Regal und schüttelt tadelnd den Kopf. »Gibt es noch dieses Loch? Ah ja, da ist es!« Die Hände gegen die Hüften gestemmt, blickt sie zur Decke hinauf.

Mr. Stuart, von der Situation nicht weniger überfordert als Lincoln, tänzelt um sie herum, fragt, was er für sie tun kann und ob sie länger zu bleiben gedenke.

Endlich rafft Lincoln sich auf. »Miss Todd, es wäre mir eine Freude, Sie nach Hause zu begleiten.«

»Eine gute Idee«, sagt Mr. Stuart und schiebt die beiden zur Tür. »Eine junge Dame sollte im Dunkeln nicht allein sein.«

Mary kichert über diese ungeschickte Bemerkung und Lincoln wird rot. Sie gehen auf die Straße hinaus, wo ein Coupé mit Kutscher wartet. Als Mary seinen überraschten Blick bemerkt, lacht sie auf, ein Lachen wie ein Regen aus Mohnblüten, der weich auf Lincoln niederfällt. Er ist wie benommen. Er reicht ihr seine Hand, hilft ihr in die Kutsche und steigt dann selbst ein.

»Was für ein schöner Abend, Mr. Lincoln.«

Mehr, als ihr zuzustimmen, fällt ihm nicht ein. Er überlegt sich einen Rahmen, eine Veranstaltung, auf deren Bühne er spricht, und bald kommen ihm die Wörter wie von selbst. »Ihr Auftritt in der Kanzlei war äußerst souverän.«

»Meinen Sie, mein Cousin hat mir den Zufallsbesuch abgekauft?«

»Bestimmt.«

Er weiß nicht, wohin sie fahren. Sie haben die Stadt verlassen, in der Dämmerung leuchtet der Himmel violett, die Wolken hängen flach über der Prärie. Mary sitzt neben ihm, blickt aus dem Fenster und erlaubt ihm, sie von der Seite zu betrachten. Ihre Ohren sind klein und haben einen sanften Flaum. Er will ihr Haar küssen, ihre Schläfe, den sanften Schwung ihrer Wange, ihren Mundwinkel, wo er auch einen kleinen Flaum entdeckt. Aber ihm fällt kein Rahmen ein, der ihm dabei helfen könnte. Stattdessen fragt er sie, ob sie sich inzwischen eingelebt hat.

»Springfield ist eine Provinzstadt, schmutzig und stupide. Mein Schwager gestattet mir nur wenige Freiheiten und meine Schwester betet von morgens bis abends. Ich dagegen möchte politisch aktiv sein.«

»Sie sollten Artikel für die Zeitung schreiben!«

»Glauben Sie, ich könnte das?«

»Wir könnten zusammen einen bissigen Leserbrief für das *Sangamo Journal* verfassen, natürlich unter Pseudonym.« Er kann sich das nicht wirklich vorstellen, es sollte bloß ein Kompliment sein, aber als Mary ihn anstrahlt, weiß er, dass sie es versuchen sollten. »Als Pseudonym schlage ich Uranius Squatpump vor.«

»Zu düster. Wie wär's mit Rebecca Kissfellow?« Sie sieht ihm in die Augen. Jetzt könnte er sie wirklich küssen, ganz von sich aus, weil er und sie es beide wollen. Aber da hält die Kutsche.

Sie sind einen großen Umweg gefahren, um schließlich vor Ninian Edwards Haus anzukommen. Als der Kutscher die Wagentür öffnet, zögert Mary. Sie legt ihre Hand auf seine, drückt kurz zu. »Der Kutscher fährt Sie nach Hause.« Dann springt sie hinaus und geht zügig, mit gerafftem Rock, zum Haus ihres Schwagers.

Lincoln lehnt sich zurück und schließt seine Augen, kneift sie zusammen, als ob er in etwas Bitteres beißt. Er hat es nicht geschafft, sie zu küssen.

GRÜN

Es ist nicht leicht, eine Hütte im Wald zu bauen. Die Natur ist oft betörend, aber manchmal wird sie zum Gegner. Eine Windböe wirft das Gerüst um, und Thoreau muss die Arbeit von vorn beginnen. Spätestens bis zum Winter muss er sich um die grundlegenden Lebensbedürfnisse wie Nahrung, Obdach, Kleidung und Heizung gekümmert haben. Und erst wenn diese Dinge sicher sind, kann er sich den wahren Problemen eines Lebens in Freiheit widmen.

Während seine Hände so viel zu tun haben, liest er wenig. Trotzdem spürt er das unausrottbare Bedürfnis nach Schrift. Der kleinste Fetzen Papier, der auf der Erde liegt und ihm als Untersetzer oder Tischtuch dient, unterhält ihn so großartig wie Homers *Ilias*. In einem Tagebuch protokolliert er seine Erlebnisse.

Als er an einem Sommernachmittag zur Quelle hinübergeht, weil ihm das Seewasser zu warm ist, kommt Scudder den Waldweg hinab. Der Schmied grüßt nicht, blickt nur misstrauisch und sagt, dass er sein Werkzeug zurückhaben will.

»Noch zehn Tage, Scudder. Ich bin noch nicht ganz fertig.«

»In der Stadt erzählt man sich, du würdest hier eine neue Kirche gründen. Eine Art Sekte oder so. Nicht mit meinem Werkzeug.«

Thoreau muss lachen und deutet in Richtung Hüttengerüst. »Sieht das nach einer Kirche aus? Ich will hier nur in Ruhe leben.«

Scudder spuckt auf den Boden und sieht zur Baustelle hinüber. »Gut, eine Woche. Nicht länger.« Dann stapft er wieder den Waldweg hinauf in Richtung Concord.

Thoreau denkt, dass er es in einer Woche schaffen kann. Er verkürzt seine Pausen, während er einen Kamin mauert und ein Feld von zweieinhalb Morgen anlegt, auf dem einmal Bohnen, Kartoffeln, Mais und Rüben wachsen sollen. Seine silberne Taschenuhr tauscht er gegen die alte Baracke eines Eisenbahners, mit deren Brettern er die Seitenwände seiner Hütte verkleidet. Dabei haut er sich auf den Daumen und schreit so laut, wie er es in der Stadt nie getan hätte. Der Schrei hallt vom anderen Seeufer zurück, Thoreau antwortet ihm, und so geht es eine Weile hin und her, bis seine Stimme heiser ist. Er kann sich hier draußen gut mit sich selbst unterhalten.

Am 4. Juli, dem Unabhängigkeitstag, zieht er in seine Hütte ein. Es ist sein persönlicher Unabhängigkeitstag, an dem Ralph Waldo Emerson ihn besucht. Sein Freund trägt einen weißen Anzug, weiße Handschuhe aus Satin und ein Moskitonetz am Hut. Der gefeierte Schriftsteller erzählt gern von seinen Vortragsreisen und lästert über Leserbriefe. Er hat einen mitgebracht, aus dem er vorliest, bevor er ihn ins Feuer wirft. Als Waldo das Leben hier draußen als transzendentalistisches Projekt bezeichnet, will Thoreau widersprechen. Das Wort »Projekt« gefällt ihm nicht, es beinhaltet etwas Unechtes. Aber zu widersprechen würde bedeuten, noch mehr reden zu müssen, und deshalb schweigt Thoreau.

Zusammen heben sie die Tür in die Angeln, die letzte Arbeit an der Hütte, die noch getan werden muss. Waldo stellt sich dabei so ungeschickt an, dass es eher eine symbolische Geste ist als wirkliche Hilfe. Und als sich der Philosoph einen Splitter einhandelt, tanzt er vor der Hütte einen kurzen

Tanz des Schmerzes, bevor er sein Notizbuch zückt, um das Erlebnis festzuhalten. Er sagt, er plane eine Fortsetzung seines Naturbuchs, aber Thoreau, der die eingesetzte Tür prüfend öffnet und schließt, hört nicht mehr zu.

Danach sammeln sie Pilze, und als Waldo beim Pflücken seine Handschuhe nicht ausziehen möchte, wird Thoreau ungehalten. »Bist du nicht Transzendentalist, weil du über deine Sinne Gottes Schöpfung erfahren willst?«

»Der Splitter war sehr sinnlich!«

»Konzentriere dich darauf, was du hörst und riechst und siehst. Vergiss deine Konzepte!«

Er hält dem Freund einen Pilz unter die Nase. Waldo hebt das Moskitonetz an und riecht kurz daran. »Muffig.«

»Was noch?«

»Unanständig. Nach …« Er geht weiter und spricht von einem Aufsatz, den er über die soeben gemachte Erfahrung schreiben möchte. Thoreau seufzt und hat keine Lust, weiterzureden.

Als Waldo einen Grasfleck auf seinem Anzug entdeckt, sorgt er sich um sein Aussehen bei der Rückkehr in die Stadt, und letztlich ist Thoreau froh, als sein Freund ihn wieder verlässt. Waldo hat nicht wirklich verstanden, um was es ihm hier geht.

In seiner ersten Nacht streift ein Bär um die Hütte, schnauft und kratzt an der Tür wie liebestoll. Thoreau schreckt aus dem Schlaf auf und greift nach dem Hammer, haut damit auf den Hüttenboden und macht Lärm. Kurz verstummt der Bär, aber bald darauf wirft er sich mit Wucht gegen die Bretterwand, sodass die ganze Hütte wackelt. Thoreau hat keine Angst, im Gegenteil, in seiner Brust kribbelt es, wie wenn man in eiskaltes

Wasser springt. Er kann das feuchte Fell des Bären riechen, und er baut sich aus der Axt und einem morschen Kartoffelsack eine Fackel, die er mit einem Zündholz in Brand setzt. Damit bewaffnet, reißt er die Tür auf und springt auf den Bären zu. Dessen schwarze Augen funkeln im Schein der Flamme. Die Natur hat Augen, denkt er und wedelt mit der Fackel, treibt das Tier vor sich her, bis es sich in den Wald zurückzieht.

Außer Atem steht Thoreau auf der Lichtung, hört das aus der Dunkelheit kommende Schnaufen und entschuldigt sich bei dem Bären. Nach einer Weile wird es still. Meister Petz hat ihn als Nachbar akzeptiert. Aber als er wieder in seinem Bett liegt, hört er aus der Ferne eine Eisenbahn rattern. Die kann er nicht so einfach mit einer Fackel vertreiben, sie ist die Fackel, die ihn vertreiben will. Es muss der Nachtzug über Boston nach New York sein. Er hätte nicht gedacht, dass man den bis hierher hört. Er ist eben doch nur wenige Meilen in den Wald hineingegangen. Thoreau dreht sich murrend auf die Seite, presst seine Arme gegen die Ohren und fragt sich, ob er den Menschen wirklich jemals entkommen kann.

Am Morgen ist das Beet zerwühlt, allerdings nicht von Bärenpfoten, sondern von Murmeltierkrallen. Thoreau hadert nicht, er baut ein Gatter um das kleine Feld und steckt neue Samen in die Erde. Später sucht er in Büschen nach Vogelnestern, deren Eier er bis auf eines entnimmt. Aus dem zurückgelassenen Ei soll der Vogel schlüpfen, der ihn im nächsten Jahr versorgt.

Am Abend brät er sich einen Fisch und isst, auf einem Baumstumpf am See sitzend, wilde Beeren. Obwohl er den ganzen Tag mit niemandem gesprochen hat, fühlt er sich nicht einsam. Die Natur, die für manche Menschen eine nackte und grässliche Einöde ist, ist für ihn eine süße und bekömmliche

Gesellschaft. Er hört ein Plätschern und sieht einen Reiher krächzend über das Wasser tapsen wie eine verirrte Seele.

Die Toten, sind sie um ihn herum? Hier im Wald erinnert ihn wenig an seinen Bruder. Die Stadt, die Häuser der Menschen halten die Erinnerungen wach, und damit die Wehmut und den Blick zurück. In der Natur kann er besser im Jetzt leben; was verbrannt ist, ist verbrannt. Trotzdem ruft er sich nun, am Seeufer, Anekdoten mit John in Erinnerung, wie ihren gescheiterten Versuch, eine Reformschule in Concord zu gründen oder ihr Werben um dieselbe Frau. Sie hieß Ellen Sewall. Dieser Reinfall ist nun zwei Jahre her. Freiheit heißt für ihn auch, sich keine Frau mehr suchen zu müssen.

Er möchte hier draußen unabhängig und intensiv leben. Und er will sich mit sich selbst beschäftigen, in sich hineinhören, nicht gehetzt und nicht mit Sorgen belästigt werden. Hier draußen hat er sich einen Rückzugsort dafür gebaut, der wenig komfortabel ist. Aber mit Komfort konnte er noch nie etwas anfangen. Lieber sitzt er auf einem Baumstamm, der ihm allein gehört, als gedrängt auf einem Samtkissen. Er möchte sich, wenn er stirbt, nicht eingestehen müssen, nie wirklich gelebt zu haben.

Es ist merkwürdig, wie leicht er in eine Routine gerät. Er wohnt erst fünf Tage am See, und schon haben seine Füße zum Ufer hin einen Pfad ausgetreten.

Alles in allem ist er mit seiner Hütte zufrieden. Fünfzehn Quadratmeter für sich, dazu ein Vorratskeller und ein winziger Dachboden. Ein Tisch, ein Bett, ein Schreibpult und drei Stühle. Den ersten Stuhl für die Einsamkeit, den zweiten für die Freundschaft und den dritten für die Gesellschaft, auf die er allerdings auch gut verzichten kann.

Der Schornstein muss noch gemauert werden, aber das kann warten, solange Sommer ist. Auch die Ritzen müssen verputzt werden, wenn im Winter nicht der Wind durch sie hindurchpfeifen soll. Seine Hütte ist luftig, zur Aufnahme eines reisenden Gottes bereit, und gerade als er das denkt, klopft es an die Tür.

Es ist ein vorsichtiges, menschliches Klopfen, kein Göttliches. Und es kommt vom Knöchel des Reverend Channing. Als Jugendlicher hat Thoreau seine Predigten in der unitarischen Kirche Concords gehört, bis es zu einem Streit über die Auslegung einer Bibelstelle kam. Seit fünf Jahren ist er nun in keinem Gotteshaus mehr gewesen.

Er lässt den weißhaarigen Mann mit dem bestickten Umhang nicht rein, öffnet die Tür nur einen Spalt breit. Er ahnt – nachdem, was Scudder über die Gerüchte in der Stadt erzählt hat –, weshalb der Geistliche hier ist. »Reverend Channing, was führt Sie her?«

»Haben Sie vielleicht ein Glas Wasser für mich?«

Thoreau nickt in Richtung See und fordert ihn auf, sich zu bedienen.

»Sie besitzen immer noch Ihren ganz eigenen Humor, Henry David.«

»Wie kann ich Ihnen sonst noch helfen?«

»Kehren Sie in unsere Gemeinschaft zurück. Hier draußen, wo soll das hinführen?«

»Aber Reverend, in der Natur bin ich meinem Schöpfer näher als in Ihrer Kirche! Der Wald ist meine Kathedrale.«

»Das sind Ideen, die ich ablehne. Aber diesmal geht es mir nicht um einen Glaubensstreit, sondern um Ihre Familie. Ihre Mutter macht sich Sorgen.«

»Wurden Sie von ihr geschickt?«

»Von ihr und anderen, die es gut mit Ihnen meinen. Wir wollen nicht, dass Sie hier draußen verwildern. Im Wald ist man verführbarer als in der Stadt. Wir denken, dass Sie Hilfe brauchen, nach allem, was passiert ist. Nach dem Waldbrand und ihrer überstürzten Flucht.«

Das ist es. Man will ihm verzeihen. Die Gemeinschaft streckt die Hand nach ihm aus! Aber er will die Hand nicht ergreifen, und er schlägt dem Reverend die Tür vor der Nase zu. Aufgebracht geht er in der Hütte auf und ab. »Verschwinden Sie!« ruft er in Richtung Tür. Verführbar? Die Natur ist nicht hinterhältig, sondern die Menschen sind es. Sogar in ihrer Brutalität ist die Natur ehrlich.

Zwei Stunden später erscheint seine Mutter mit einem vollgepackten Picknickkorb im Wald. Sie trägt eine schwarze Haube und immer noch den Trauerschleier von Johns Beerdigung. Er sieht sie durchs Fenster und fragt sich, ob nacheinander die halbe Stadt vorbeikommen wird, um ihn zur Rückkehr zu überreden. Warum macht es ihnen so eine Angst, wenn jemand sich von ihnen abwendet?

Er möchte nicht, dass seine Mutter ihn sieht. Sein Bart, den er sonst nur am Hals und unter dem Kinn wie eine fusselige Krause stehen lässt, beginnt nun auch auf den Wangen zu sprießen, und seine Kleidung hat er noch nicht gewaschen, seitdem er hier draußen lebt. Er verriegelt die Tür, versteckt sich unter dem Bett und hofft, dass seine Mutter den Korb bloß abstellt und dann verschwindet.

Sie rüttelt an der Tür und ruft ihn, während er mit geschlossenen Augen unter dem Bett liegt und sich nicht regt. Wahrscheinlich ist es ihr als Vorsitzender des Frauenvereins schlicht peinlich, dass er sich für ein Leben als Waldgeist entschieden hat. Sie wünscht sich, dass er wieder Lehrer wird, oder dass er wieder in der Bleistiftfabrik seines Vaters arbeitet. Auch wenn seine neuartigen Ideen die Fabrik damals fast in den Bankrott getrieben haben. Immer sind es seine Ideen, die sich schnell zu Manien auswachsen, die ihn und andere in Schwierigkeiten bringen. Er stopft sich seine Fingerspitzen in die Ohren und erinnert sich, dass er als Kind stolz auf den guten Ruf seiner Familie war. Jeder kannte den jungen Thoreau, dessen fehlgeschlagene Projekte mit der Zeit nur leider immer öfter zum Stadtgespräch wurden. Und nun sein seltsames Leben draußen am See.

Nach einer Weile verstummt das Rufen und Klopfen seiner Mutter. Er kriecht aus seinem Versteck hervor und schleicht zum Fenster. Er ist wieder allein.

Vor der Tür steht der Picknickkorb, darin Portwein, Brot und Käse. Vergesst mich doch einfach, denkt er und hat ein schlechtes Gewissen.

BLITZE

Lincoln sitzt auf seiner Seite des Betts und liest in einem Brief, den Mary ihm geschickt hat. Inzwischen schreiben sie sich fast täglich. Er versucht, die Geliebte in ihrer Handschrift zu erkennen. Ihre Buchstaben stolpern, stürmen fast nach vorn. Seine Schrift dagegen ist wie das schmiedeeiserne Geschnörkel an einem Friedhofstor, und manchmal kann er sich selbst nicht lesen.

Neben ihm auf dem Bett liegt William Scotts *Lektionen zur Vortragskunst*, darin liest er jeden Tag, damit er in den Gerichtsverhandlungen die Jury besser von seinen Argumenten überzeugen kann. Außerdem liegt auf dem Bett ein Korb mit Eiern, den eine von Joshuas Freundinnen vorbeigebracht hat. »Damit ihr im Saft bleibt«, hat sie kichernd gesagt.

Joshua steht vorm Fenster und spielt mit einer jungen Katze, lässt eine Schnur vor ihrer Schnauze baumeln. Die Katze schlägt danach, kurze Schläge mit der Pfote. »Ist es zwischen dir und Mary jetzt ernst?«

»Wir verstehen uns gut.«

»Ich meine, habt ihr es miteinander getrieben?« Joshua macht mit seinem Becken eine obszöne Bewegung in seine Richtung und stöhnt.

»Unsere Beziehung beruht auf Verständnis.«

»Klar.«

»Die Sache mit Miss Owens ist noch zu frisch, den Ruf eines Schürzenjägers kann ich gar nicht gebrauchen.«

»Bin ich ein Schürzenjäger?«

»Irgendwie schon.«

Die Katze verliert das Interesse, wendet sich gelangweilt ab und wartet miauend an der Tür, bis Joshua sie herauslässt.

»Weiß Mary, dass du mit mir in einem Bett schläfst?«

Seltsame Frage. Lincoln schüttelt den Kopf. Warum sollte Mary ein Problem damit haben? Sie weiß, dass er arm ist und es stört sie nicht.

»Wenn es mit euch beiden so weit ist«, sagt Joshua, »übernachte ich im Bordell.« Er nimmt ein Ei aus dem Korb und klopft es auf einen Haken an der Wand. »Damit ihr eure Ruhe habt.«

Lincoln sieht sich in der Kammer um, versucht, sie mit Marys Augen zu betrachten. Sein Blick landet bei Joshua, wie er breitbeinig dasteht und das Ei aussaugt. Auf keinen Fall wird er Mary hierherbringen.

In einer nobleren Gegend der Stadt sitzt Miss Todd in ihrem Zimmer und liest Lincolns letzten Brief. Sie liebt es, wenn er Shakespeare zitiert: *Wenn vierzig Winter einst dein Haupt umnachten.*

Sie schließt die Augen, führt den Brief an ihren Mund und erschrickt, als ihr Schwager eintritt.

»Hat er dir wieder geschrieben?«

Ninians Steifheit hat etwas von einem Insekt, denkt sie, der Bart wie der Pelz einer Motte. »Das geht dich nichts an.«

»Dieser Lincoln ist kein passender Mann für dich.« Er will freundlich bleiben, aber er ist es gewohnt, laut zu sprechen, weshalb der Satz wie ein Befehl klingt.

Mary spürt einen Druck hinter ihrer Stirn, auch das Tageslicht blendet sie. Inzwischen erkennt sie die Vorzeichen, aber aufhalten kann sie die Migräneattacken nicht. Ist es eine Strafe dafür, dass sie zu viel nachdenkt und zu wenig betet? Gott der Gerechte, schickt er ihr Blitze in den Kopf? Als ob eine Glocke über ihren Kopf gestülpt wird und jemand von außen dagegen schlägt.

»Bitte geh, Ninian.«

»Unsere Familie genießt ein hohes Ansehen in Springfield.«

»Meine Familie ist mir egal. Ich bin ich. Ich entscheide, wen ich heirate. Und es wird nur ein Mann sein, den ich liebe.«

Sie legt den Brief beiseite, ihre Hand zittert. Sie reibt sich ihre Schläfen, versucht, diesen Druck wegzukneten. Dieses Knochenkorsett zu erweichen. *Wenn vierzig Winter einst dein Haupt umnachten*, denkt sie, aber vielleicht ist Denken gerade das Problem. Sie braucht Luft, sie braucht einen Spaziergang, etwas Lockeres, vielleicht Blumen. Vor ihren Augen flimmert es. »Du verursachst mir Kopfschmerzen. Hole bitte meine Schwester!«

»Beruhige dich.«

Sie beugt sich vor und schreit »Verschwinde!«. Dann tastet sie nach etwas, das sie nach ihm werfen kann.

Ninian rennt aus dem Zimmer, er ruft Elisabeth und die Magd, damit sie kalte Umschläge vorbereiten, während Marys Kopf in einem Schraubstock steckt, den ein männlicher Gott allmählich fester dreht.

Sie verloben sich in der ersten Septemberwoche, bei einer Kutschfahrt in die Prärie hinaus. Ein zaghafter Kuss, dann tauschen sie ihre aus Binsen geflochtenen Armbänder und versprechen sich die Heirat binnen eines Jahres. Sie sind verlegen, und Mary weiß, dass es Streit mit Ninian und ihrem Vater geben wird.

Besuche bei ihr kann ihm nun niemand verwehren. Meistens kommt er, wenn Ninian nicht zu Hause ist. Sie sitzen in ihrem Zimmer, trinken Kaffee, fantasieren sich eine Zukunft herbei. Marys Mutter ist ebenfalls früh gestorben, sie weiß also, wie es ist, als Halbwaise aufzuwachsen, und nie fühlen sie sich einander so nah wie in den Momenten, wenn sie über diese Erfahrung sprechen. Oft reden sie auch über aktuelle gesellschaftliche Entwicklungen. Sie sind sich einig, dass körperliche Arbeit allmählich von Maschinen übernommen werden sollte, dass eine neue Zeit anbricht. Lincolns Abscheu gegen die Sklaverei geht auch auf die Knochenarbeit auf der Farm seines Vaters zurück, und er erzählt, dass es an der Ostküste bereits Fabriken voller Webstühle und mit nur ein paar Menschen als Reparateuren gibt.

»Das meine ich«, ruft Mary begeistert. »In Zukunft werden Maschinen unsere Sklaven sein!«

Er hat die Beine überschlagen und hält seine Kaffeetasse in den Händen, während sie sich zum Fenster dreht, um hinauszuschauen. Eine Cousine hat ihren Besuch für heute angekündigt.

»Du wirst Tilda lieben«, sagt sie. »Auch wenn sie sich nicht besonders für Politik interessiert.«

Er nickt, lächelt und merkt, dass er in sich selbst versinkt. Mr. Stuart hat ihm heute mitgeteilt, dass er die Kanzlei verkaufen wird; er wurde für die Whigs in den Kongress gewählt und zieht nun nach Washington. Ein Rückschlag für Lincoln, von dem Mary noch nichts weiß.

Soll er es ihr sagen? Sie könnte es falsch verstehen. Sie würde Ninian um Hilfe bitten, und das ist das Letzte, was er möchte.

Natürlich hat er Mr. Stuart zu seinem Wahlerfolg gratuliert. Mr. Stuart war es sichtlich unangenehm, denn wegen ihm war Lincoln überhaupt erst nach Springfield gekommen.

»Wann werden wir unseren ersten Zeitungsartikel schreiben?« fragt Mary und reißt ihn aus seinen Gedanken.

»Ich weiß nicht, ob ich gerade Zeit dafür habe.« Er kennt einen Whig beim Sangamo-Journal, den müsste er ansprechen. Lincoln stellt seine Kaffeetasse vorsichtig aufs Fensterbrett. »Ich werde sehen, was sich machen lässt.«

»An was denkst du?« Sie legt ihre Hand auf sein Knie.

»An nichts«, murmelt er. Darf er sie berühren? Sie küssen sich nur zur Begrüßung, und auch dann natürlich nur, wenn sie allein sind. Meistens ist er einfach zu weit weg von ihrem Gesicht. Warum ist er sogar bei Menschen, die er mag, so reserviert?

»Wie alt ist Tilda?«

»Gerade neunzehn geworden. In den Ferien waren wir früher oft zusammen bei unseren Großeltern.«

Er grübelt, seine Augenbrauen kräuseln sich. Ralph Waldo Emerson hat auf seinen Brief nicht geantwortet, aber das war ja zu erwarten. Sein Denken ist immer noch das eines Bauernjungen, da helfen auch alle Bücher nicht. Und nun ist er also nicht mal mehr ein Armenanwalt. Die Stelle in Mr. Stuarts Kanzlei war ein großes Glück, und es ist unwahrscheinlich, dass eine andere Kanzlei ihn nimmt. Soll er betteln gehen? Soll er die Juristerei aufgeben und auf die Farm seines Vaters zurückkehren?

Er sieht zur Kommode hinüber, zu Marys Spangen, Bürsten und Fläschchen. Als er zum ersten Mal in ihrem Zimmer war, haben ihn die vielen unnützen Dinge überrascht. Dinge, deren Zwecke nur Frauen kennen. Er bezweifelt, dass er sich so um Mary kümmern kann, wie es von einem Ehemann erwartet wird. Sie ist ein anderes Leben gewohnt, und sie verdient es besser.

Er räuspert sich, möchte ihr ebenfalls eine Hand aufs Knie legen. Bestimmt hätte sie nichts dagegen. Bestimmt würde sie sich freuen und ein Stück näher an ihn heranrücken. Aber bevor er das tun kann, springt Mary auf.

»Da ist Tilda!« Draußen fährt eine Kutsche vor, aus der eine junge Dame steigt. Sie ist blond und zierlich wie eine Porzellanfigur, und ihre Haut hat die Farbe von Marzipan. Sie trägt ein blaues Kleid mit einer Turnüre, die ihr Hinterteil betont. So tragen es die Damen derzeit an der Ostküste.

Die ganze Familie trifft sich in der Vorhalle. Man begrüßt sich, redet und lacht, nur Lincoln steht im Abseits. Er gehört nicht hierher. Das weiß er jetzt.

Als ihm Tilda vorgestellt wird, fallen ihm ihre hellblauen Augen auf. Noch nie hat er solche Augen gesehen.

BEWEGLICHE REICHE

Als er das Werkzeug zurück in die Schmiede bringt, behauptet Scudder, die Axt sei stumpf. »Und was ist mit den Nägeln?«

»Hast du gedacht, ich ziehe die Nägel wieder aus der Hütte raus?«

Mit einer Zange taucht Scudder ein glühendes Hufeisen in einen Bottich, kurz ist er von Dampf umwölkt. »Ich will eine Entschädigung«, knurrt die Wolke.

Natürlich will er Geld, etwas Besseres kennt er nicht. Thoreau ist dafür, Geld zu verbieten. Überhaupt sollte die Ordnung der Dinge vertauscht und nur noch sonntags gearbeitet werden. Die restlichen Tage der Woche können die Menschen dann durch Gärten streifen und die sanften Einflüsse der Natur einsaugen. Warum erkennen so viele Menschen nicht, was gut für sie ist? »Geld ist nicht alles, Scudder. Deine Kinder sind längst ausgezogen, du musst nicht mehr jeden Tag in der Schmiede stehen.«

Der Schmied wähnt Arglist, er wischt sich die Wassertröpfchen von der Stirn. »Ein Vierteldollar für die Nägel. Ich muss meine schwindsüchtige Frau versorgen.«

Thoreau seufzt. Über diese Dinge hat er bereits schreibend nachgedacht. Die ständige Anspannung der Menschen ist eine Krankheit, von der sich offenbar auch Scudder nicht heilen lassen möchte.

Er wird sich von seiner Mutter Geld leihen müssen, und sie wird ihn fragen, wo er war, als sie ihm den Picknickkorb brachte. Ob sie ihn unter dem Bett gesehen hat? Er stellt sich eine Tischdecke vor, an der er zieht, alle Teller fallen herunter und brechen. Als Kind wollte er das oft tun, hat es sich aber nie getraut.

Es ist ihm unangenehm, durch die Straßen Concords zu gehen. Er spürt, dass die Leute über ihn gesprochen und über ihn nachgedacht haben. Die Erwachsenen blicken verschämt zur Seite, die Kinder starren ihn offen an. Was denken sie, was er draußen im Wald tut? Satanische Messen feiern? Im Spiegelbild einer Schaufensterscheibe ordnet er sein zerzaustes Haar und wird angerempelt, weil er den Leuten offenbar im Weg steht. Er ist die Geschwindigkeit der Städter nicht mehr gewohnt. Er geht weiter, zügig jetzt, und muss sich mit einem Sprung vor einer Pferdekutsche in Sicherheit bringen.

Er fühlt sich beengt und gehetzt, und er möchte am liebsten sofort an den See zurückkehren. Die Stadtbewohner sind so in Eile und von ihren niederen Besorgnissen in Anspruch genommen, dass sie ihre feineren Talente gar nicht entwickeln können.

Das Haus seiner Eltern trägt einen Wetterhahn auf dem Dach, den Thoreau als Jugendlicher dort angebracht hat. Es war seine große Zeit der physikalischen Experimente, er hatte Franklins Autobiografie gelesen und wollte selbst ein Universalgelehrter werden. Auch der Löwenkopf an der Eingangstür, den er jetzt anhebt und gegen das Holz fallen lässt, ist von ihm.

Thoreau tritt nur bis zur Diele ein. Sein Vater arbeitet zu dieser Tageszeit in der Bleistiftfabrik, ihn wird er hier nicht antreffen. Die beiden haben sich sowieso nicht mehr viel zu sagen. Seine Schwester Sophia sitzt im Wohnzimmer und liest in *Der letzte Mohikaner*. Als er sie sieht, muss er lächeln. Spätsommersonne scheint durchs Fenster, Staub tanzt in der

Luft, und kurz wird Thoreau wehmütig. Hätte es eine Möglichkeit gegeben, normal zu leben? Aber wie wird man normal? Seine Schwester bemerkt ihn, lässt ihr Buch sinken und fragt, ob er dort draußen nicht Angst vor Indianern hat. Offenbar liest sie das Buch nur, um sich in ihren vier Wänden gemütlich zu schauern.

»Die haben wir doch gründlich ausgerottet«, sagt er.

Trotzdem soll er ihr versprechen, alle zwei Tage in die Stadt zu kommen, um sie zu beruhigen, aber er schüttelt nur den Kopf.

Als seine Mutter die Treppe herunterkommt, empfängt sie ihn wie jemanden, der Jahre fortgewesen ist. Im Haus hat sie den Trauerschleier abgenommen, und kurz ist Thoreau über ihr Alter erschüttert.

Er bittet sie um den Vierteldollar für Scudder, wissend, dass Geld zu Verstrickungen führt, die immer etwas kosten, wenn auch nur Nerven. Als sie ihre Geldbörse holt, fragt sie beiläufig, ob er morgen zum Mittagessen kommt. Thoreau spürt einen Groll darüber, dass sie seine Entscheidung, im Wald zu leben, nicht ernst nimmt. Er schweigt.

Seine Mutter hat noch etwas anderes für ihn. Einen Brief der Finanzbehörde, worin eine Nachzahlung von sechs Dollar Kopfsteuer gefordert wird.

»Wofür? Dafür, dass ich existiere?« Er will den Brief zerreißen, aber seine Mutter warnt ihn vor den Konsequenzen, also steckt er den Brief ein. Er bittet sie um ein Blatt Papier, auf das er schreibt: *Wisset Ihr alle, dass ich, Henry David Thoreau, nicht als ein Mitglied irgendeiner Gesellschaft betrachtet werden will, der ich nicht willentlich beigetreten bin.*

Er reicht die Erklärung seiner Mutter, die sie zum Stadtrat bringen soll.

»Ich werde mich lächerlich machen. Frag Sophia!«

Aber seine Schwester blickt nicht einmal vom Buch auf, während sie den Kopf schüttelt.

»Wie auch immer. Ich will damit nichts zu tun haben.«

Er bringt Scudder das Geld und kehrt erschöpft und gereizt in den Wald zurück. Die Menschen in der Stadt sehen sich einfach zu oft, sie stolpern übereinander und verlieren dadurch den Respekt voreinander. Sie belasten sich gegenseitig mit ihren Ansprüchen, und am Ende werden sie seelisch krank.

In seiner Hütte legt er den Steuerbrief neben den Kamin. Thoreau weiß noch nicht, ob er ihn verbrennen oder zum Einwickeln von Proviant verwenden wird. Er schürt die Glut, legt trockenes Holz drauf. Warum soll er diesem Staat, der die Sklaverei befürwortet und einen brutalen Krieg gegen Mexiko führt, Geld geben?

Er setzt sich auf den Stuhl und stopft sich eine Pfeife. Er liebt die Einsamkeit, den ruhigen Atem, die einfachen Handgriffe, immer einen nach dem anderen. Den größten Teil dessen, was seine Nachbarn gutheißen, hält er offenbar für schlecht. Er hört wieder das Rattern von den fernen Gleisen, und ihn überkommt eine Wut auf die Eisenbahn. Die Leute sollten zu Hause bleiben, dann gäbe es keine Kriege und keine Eisenbahnen! Wohin wollen die Leute bloß immerzu verreisen? Er geht hinaus, um sich sein Abendbrot zu machen, und dass er sich auf einer Schindel sein erstes Brot aus wildem Getreide bäckt, versöhnt ihn mit diesem Tag.

Er kann gut ohne Geld auskommen. Da er schon ein Obdach hat, muss er nur noch für Kleidung und Heizung sorgen. In einem neuen Land gibt es Heizmaterial im Überfluss, und alte Kleider finden sich in jeder Bodenkammer der Stadt.

In der Dämmerung geht er am steinigen Seeufer entlang, obwohl es bewölkt und windig ist. Er findet eine Algonkin-Pfeilspitze, die er Sophia mitbringen will. Da hat sie ihre Indianer, oder wenigstens Spuren davon.

Die Kröten kündigen trompetend die Nacht an, und der Gesang des Buchfinks wird von den Wellen übers Wasser getragen. Jetzt ist es dunkel geworden, aber noch weht rauschend der Wind. Die Ruhe im Wald ist nie vollkommen.

Die kleinste Veränderung in der Natur ist ein Wunder für ihn. Ende September fällt das erste gelbe Blatt vor seine Hütte und im Oktober der erste Schnee. Er lässt die Zeit ganz langsam vergehen, hockt sich hin, beobachtet, riecht. Er findet Spuren von Vögeln, Katzen und leider auch von Feldmäusen und Eichhörnchen, die eine Eigentumsgemeinschaft an seinem Kastanienvorrat im Keller gebildet haben. Aber er hat genügend Mais und Kartoffeln geerntet, um sich auch im Winter gesund zu ernähren.

Nun, in der kalten Jahreszeit, hat er noch mehr Zeit für sich. Vormittags streift er durch die Landschaft, ist freiberuflicher Inspektor von Schneewehen und Steinschlägen, zeichnet Tierspuren in sein Tagebuch oder sammelt Brennholz. Oder er haut ein Loch ins Eis des Sees, nimmt den Fischen das Dach vom Kopf und angelt. Aus seinem Mund quellen Wölkchen, er spürt die Wärme in sich.

Nachmittags macht er sich Notizen über seinen Aufenthalt hier, brät den Fisch und einmal sogar ein Murmeltier, das er wegen seines heftigen Moschusgeschmacks allerdings für ungenießbar hält. Über die Monate hat Thoreau fünf Kladden gefüllt, mit dutzenden Naturbeschreibungen, mit Ideen zu Gesellschaft und Natur, Gedanken über sich, über seine eigene

Stellung in der Welt. Wie sieht seine Zukunft aus? Er ist erst dreißig Jahre alt. Wird er für immer hier am Waldensee leben?

Ein großer Barsch brutzelt in der Pfanne im Kamin, die Flammen tanzen, da stößt Scudder mit einem Rumpeln und Schnaufen die Hüttentür auf. Er ist in eine Bärenfelljacke gehüllt, deren Zotteln gefroren sind, und er trägt ein Stoffbündel unterm Arm. Er behauptet, er hätte mehrmals angeklopft.

»Ich war wohl in Gedanken. Hat dich der Essensgeruch angezogen?«

Scudder blickt in die Ecken der Hütte, als ob er nach Gespenstern oder anderen Gefahren sucht. Er wirkt übernächtigt und unschlüssig, ob er bleiben soll.

»Scudder, was ist los? Komm, setz dich!«

Thoreau teilt das Essen auf zwei Teller, kocht Tee aus getrockneten Kräutern und erfährt, dass Scudders Frau vor einer Woche an der Schwindsucht gestorben ist. Seitdem streift der Schmied durch den Wald und hat so gut wie nichts gegessen.

»In der Stadt zählt nur, was man hat«, sagt Scudder mit vollem Mund. »Aber ich will nichts mehr. Langsam verstehe ich, was du hier draußen suchst.«

»Ja, die Landschaft tröstet. Sie bettet uns in größere Zeitläufe ein.« Thoreau nickt und stellt fest, dass er lange nicht mehr an seinen toten Bruder gedacht hat. Scudder möchte wissen, wie es dazu kam, dass er mit John eine Reformschule gründen wollte.

»Das war nach meinem Abschluss in Harvard, vor fünf oder sechs Jahren. Zunächst unterrichtete ich an einer öffentlichen Schule in Concord.« Thoreau erzählt, wie eines Tages der Schuldirektor ins Klassenzimmer kam. Die Schüler waren so laut, dass man sie bis auf den Gang hinaus gehört hat. Der Direktor schimpfte und empfahl Thoreau, sich mit dem

Stock Respekt zu verschaffen. »Das hat mich empört. Ich habe noch nie ein Kind geschlagen.«

Letztlich wählte er drei Schüler aus und berührte ihre Handrücken nur ganz leicht mit der Stockspitze. Die ganze Klasse lachte, und der Direktor verließ beleidigt den Raum.

Thoreau kündigte noch am selben Tag und schlug seinem Bruder vor, mit ihm eine eigene Schule zu gründen. Eine Schule, wo es keine Schläge gab, wo Mädchen und Jungen nicht nur das Übliche lernten, sondern auch praktische Dinge wie Bootsbau oder Landvermessung; wo die Pausen dreißig Minuten dauerten anstatt zehn, damit die Kinder mehr Zeit für Gespräche untereinander haben. »Ich fand es immer spannend, ihnen zuzuhören. Ein Lehrer kann genauso von seinen Schülern lernen wie sie von ihm.«

»Und was ist dann passiert?«

»Wir haben zwei Räume gemietet, und die ersten Kinder kamen zum Unterricht. Aber dann wurde John krank und konnte sein Bett nicht mehr verlassen. Ich war überfordert.« Thoreau starrt ins Feuer. Hätte er die Schule damals allein weiterführen sollen?

»Ich habe bisher zu wenig neue Sachen ausprobiert«, sagt Scudder. Er öffnet das mitgebrachte Stoffbündel und holt eine neue Axt hervor. »Ein Geschenk.«

»Nimm mich nicht als Vorbild, vielleicht ändere ich schon morgen meine Lebensweise. Das ist es, was ich unter Freiheit verstehe. Das Leben ist ein Versuch, den wir weitgehend noch vor uns haben.«

Scudder leckt sich seine fettigen Finger, steht auf und bedankt sich für das Essen. Er sieht schon viel besser als bei seiner Ankunft aus, und Thoreau sagt, dass er ihn jederzeit besuchen kann.

Nachdem Scudder fort ist, steht er im Schnee vor der Hütte und denkt an seinen Bruder. Dass John allmählich in seiner Erinnerung verblasst, macht ihn traurig. Im nächsten Winter wird er ihn fast vergessen haben, der Schnee legt sich über alles, aber der Tod ist Teil eines universellen Plans, das muss er akzeptieren. Stirbt nicht in jedem Herbst alles ab?

An der Oberfläche ist der Schnee alt und hart, aber darunter ist er pulvrig. Thoreau lässt sich rücklings fallen und erzeugt mit seinen Armen den Abdruck eines Engels. Die Baumkronen über ihm glitzern wie ein Saal voller Kronleuchter. Da knallt etwas Hartes gegen die Hüttenwand und fällt zu Boden. Thoreau schreckt auf, sieht sich um, denkt an einen verirrten Vogel, der versehentlich gegen die Hütte geflogen ist, dann, nur kurz, an einen abgestürzten Engel.

Es ist ein Sack mit Essensresten und anderem Müll aus der Stadt. Pferdehaarborsten vom Barbier sind darunter, auch Talgreste vom Kerzenmacher, sogar Präservative. Warum hat jemand den Müll gesammelt und hierhergebracht? Thoreau blickt sich um, sucht den Werfer, geht ein paar Schritte in den Wald hinein. Wenn es Kinder waren, sind sie längst fortgerannt. Er lauscht, aber das einzige was er hört, ist wieder die Eisenbahn, dieses schmutzige Ungeheuer!

Mit dem Müllsack auf seinem Rücken wandert er wütend durch den Wald bis zu den Gleisen. Er will den Stadtbewohnern eine Lehre erteilen und den Sack aufs Abteildach des nächsten Zuges werfen. Er stellt sich vor, wie der Müll der Stadt in die Stadt zurücktransportiert wird, und die Idee gefällt ihm so gut, dass er laut auflacht.

Aber bald wird ihm das Warten auf den nächsten Zug zu lang, er friert, und letztlich wirft er den Müllsack bloß ins Gleisbett. Dann zieht er einen dünnen Birkenstamm aus dem

Wald, legt ihn quer über die Schienen wie eine Barrikade, als ein unmissverständliches Zeichen an die Stadtbewohner, dass er sich wehren wird.

Auf halbem Weg zur Hütte bleibt er stehen und erschrickt über sich selbst. Wozu hat er sich da verleiten lassen? Was, wenn der Zug entgleist? Er rennt zurück, befreit die Schienen vom Baumstamm und vom Müll, erleichtert, dass der Zug noch nicht gekommen ist. Es hätte Verletzte geben können, vielleicht sogar Tote.

RAUSCHEN

Er vertreibt sich im Gemischtwarenladen die Zeit, zusammen mit Joshua. An einem kleinen, prasselnden Eisenofen wärmen sie sich die Hände. Zwischen den Einweckgläsern, Töpfen und anderem Haushaltsbedarf fühlt sich Lincoln ein wenig wie in der Küche seiner Stiefmutter. Nur, dass er als Jugendlicher das Gefühl hatte, alles würde noch vor ihm liegen, es gäbe Wege und Möglichkeiten in der Welt.

Joshua berichtet von einer jungen Frau, die in die Stadt gekommen sei. Eine schöne, blauäugige Frau mit einer Vorliebe für ausbuchtende Kleider. An der Beschreibung erkennt er Tilda.

»Sie ist wirklich bezaubernd«, sagt Joshua, der es sich auf einem Kartoffelsack bequem macht und verträumt zur Ladendecke hinaufblickt. »Ich habe sie auf dem Markt gesehen und mich sofort in sie verliebt.«

Lincoln spürt eine Eifersucht, über die er sich ärgert. Ein hübsches Gesicht mit blauen Augen genügt, ihn vom Kurs abzubringen. Er weiß, was er an Mary hat, und trotzdem denkt er in letzter Zeit oft an Tilda.

»Vielleicht werde ich die Verlobung mit Mary aufkündigen.« Es platzt aus ihm heraus, ohne dass er groß darüber nachgedacht hat. Aber jetzt, da es draußen ist, kommt es ihm wie eine gute Lösung vor.

»Bist du verrückt? Warum?«

»Ich weiß nicht, ob wir zueinander passen.«

»Liebst du sie nicht mehr?«

Er zuckt mit den Schultern. »Liebe, was heißt das? Dass man sich sehnt? Dann ist es kein wünschenswertes Gefühl. Dass man sich sorgt? Sorgen habe ich genug, auch ohne Mary.«

»Ihr solltet endlich miteinander rummachen, das ist echter als diese Shakespeare-Zitate.«

»Woher weißt du das mit Shakespeare? Hast du meine Briefe gelesen?«

Er erkennt sofort, dass er es getan hat, Joshua täuscht Geschäftigkeit vor, krempelt seine Hemdsärmel hoch und rollt eine Gasflasche von einer Ecke des Ladens zur anderen. Erst als Lincoln ihn an der Schulter packt, bleibt er stehen.

»Der Brief lag offen herum«, gibt Joshua zu.

»Ich wusste nicht, dass du so neugierig bist.« Er kann ihm nicht wirklich böse sein, wahrscheinlich hätte er das Gleiche getan. »Gefällt dir ihre Schrift?«

Joshua verdreht die Augen. »Mich interessieren andere Sachen. Heute auf dem Ball will ich Tilda zum Tanz auffordern.«

Es irritiert ihn, dass Joshua sich Chancen bei ihr ausrechnet, aber er sagt nichts. Was weiß er schon von Frauen? Lincoln geht nach oben in die Kammer, bürstet seine Schuhe und flickt sein Hemd.

Es ist Thanksgiving, der Festsaal bunt geschmückt und voller Menschen, aber er hat keine Lust zu tanzen. Er sitzt allein und beschließt, sich zu betrinken. Mary ist zu Besuch bei ihrer Familie an der Ostküste, worüber er froh ist. Seit zwei Wochen sucht er Ausreden, um sich nicht mit ihr treffen zu müssen. Er zwingt sich, nicht zu Tilda hinüberzusehen, die von einer Traube aus Männern umgeben ist, darunter Joshua.

Er ist nur ein Gemischtwarenhändler! Lincoln greift verärgert nach der Weinflasche und schenkt sich ein. Die Menschentraube in der Mitte des Saals reiht sich zu einer Schlange auf und tanzt eine Polonaise, mit Tilda als Kopf der Schlange und mit Joshuas Armen auf ihren Schultern. Lincoln kann es nicht fassen.

Er hat Mary aufgegeben. Und das hat wenig mit Tilda zu tun. Eigentlich kann er Tildas extrovertierte Art nicht leiden, sie ist ein unpolitisches Huhn, und daher passt Joshua doch irgendwie zu ihr.

Er kennt sich. Das, was gerade mit ihm passiert, ist ein wiederkehrendes Muster, dem er nicht entrinnen kann. Verlobungen sind nicht seine Stärke. Frauen sind nicht seine Stärke. Er schiebt sie von sich weg, sobald sie ihm näherkommen, aus Angst, ihren Ansprüchen nicht zu genügen, aus Angst vor Kritik oder wovor auch immer. Woher kommt dieser Defekt? Hat es mit seinem Ehrgeiz zu tun? Erwartet er zu viel von sich?

Als sich Mr. Johnson zu ihm setzt und mit ihm auf Tilda anstoßen möchte, steht Lincoln auf und verlässt den Saal.

Draußen ist es kalt. Rauch hängt in der Luft und der Mond schwebt wie ein runder Lampion am Himmel. Lincoln geht durch die Gassen und spürt seinen Körper nicht mehr. Seine Haut ist wirklich taub. Liegt das am Alkohol oder an seiner allgemeinen Situation? Was nützt ihm sein Bemühen um eine gute Zukunft, wenn er weiß, dass er sie immer wieder zerstören wird? Am liebsten würde er sich in den gefrorenen Schlamm legen und nichts tun. Zu jemandem werden, von dem niemand etwas erwartet. Mit niemandem mehr reden, sich um nichts kümmern, nur wie ein Verrückter kichern und von den Almosen der Passanten leben. Aber dafür ist er zu anständig, das würde nie klappen. Ihm wird es immer etwas ausmachen, was die Leute über ihn denken, er wird sich immer verantwortlich fühlen.

Er geht schwankend weiter, jeder Schritt fällt ihm schwer. Ein Tropfen fällt ihm auf die Stirn, er blickt nach oben und merkt, dass er seinen Hut im Ballsaal vergessen hat. Aber er schafft es nicht umzukehren und ihn zu holen.

Das ist der Moment, in dem etwas Schwarzes auf ihn niederstürzt, ihn bedeckt und an ihm kleben bleibt. Es dringt in seine Körperöffnungen ein, wird schwer, zieht ihn nach unten. Er hockt sich hin, atmet schwer. Ist das ein Anfall?

Später liegt er auf seiner Seite des Bettes. Als Joshua kommt, fragt er ihn, wie es mit Tilda gelaufen ist, aber Joshuas mürrisches Gesicht verrät nichts Gutes. Immerhin hat er seinen Zylinder mitgebracht, er hängt ihn an die Garderobe, bevor er sich schweigend auszieht und die Kerze ausbläst.

»Sie ist ziemlich verwöhnt«, sagt Joshua im Bett neben ihm.

Lincoln dreht sich zu ihm, er will seinem Freund helfen, aber er wählt die falschen Worte. »Ich glaube, Tilda ist einfach eine andere Klasse.«

»Ich habe Klasse.«

Über dieses Missverständnis muss Lincoln bitter lachen.

»Lachst du mich aus? Du hintergehst Mary, indem du an der Verlobung zweifelst, das ist auch nicht gerade klasse.«

»Ich werde es ihr bald sagen.«

»Sie tut mir wirklich leid. Sie hat sich gegen ihre Familie gestellt, um mit dir zusammen zu sein, und jetzt überlegst du es dir plötzlich anders.«

Lincoln zieht sich die Decke bis zum Kinn. Im Dunkeln fühlt er sich so allein wie vorhin in der Gasse. Ein Wunder, dass er es nach Hause geschafft hat. Er war drauf und dran gewesen, in den Sangamo zu springen, aber dann hat er an Joshua gedacht; daran, wie sein Freund auf der Suche nach ihm durch die nächtliche Stadt streift. Joshua würde das tun, das weiß er. Eine Träne kullert über seine Wange und versickert im Kopfkissen, dann schläft er ein.

Die Kanzlei ist fast leergeräumt, Mr. Stuart bereits abgereist. Lincoln räumt die letzten Akten in Kisten und entfernt das Firmenschild von der Tür. Obwohl nicht mal sein Name darauf steht, möchte er es als Souvenir behalten. Er hat sich bei anderen Kanzleien beworben und nur Absagen erhalten.

Der schlechte Schlaf der vergangenen Nächte macht ihn zu einem Tagwanderer. Dumpf tapst er durch die Welt, stößt an Gegenstände und stolpert über niedrigste Schwellen. Das wird so lange anhalten, bis er sein Leben neu geordnet hat, aber er weiß noch nicht, wie das gehen soll. Er weiß nur, dass er es allein, ohne Mary, tun wird. Da keine Möbel mehr im Büro stehen, sitzt er auf dem Holzfußboden und überfliegt die Stellenanzeigen im *Sangamo Journal*. Er kann sich nicht konzentrieren, weil die Astlöcher in den Dielen ihn wie Augen beobachten. Was passiert mit ihm? Vor Astlöchern fürchten sich doch nur Kinder und Verrückte! Als es an der Tür klopft, steht er auf und wischt sich den Hosenboden ab.

Es ist Ninian Edwards, seine Miene ist ernst, er tritt ein und nimmt seinen Hut nicht ab. »Ich bleibe nicht lang.« Kurz blickt er sich um, und das leere Büro scheint seine Meinung über Lincoln zu bestätigen. »Marys Vater hat mich geschickt. Diese Verlobung hat ihn überrascht und verärgert, und er hat mich gebeten, noch einmal mit Ihnen darüber zu reden.«

»Was gibt es da zu reden?« Er verschränkt die Arme und dreht sich zum Fenster, blickt auf die Brandmauer. Er könnte durch die Scheibe springen, aber bei der Höhe gäbe es nur ein paar Knochenbrüche. Und was wäre erbärmlicher als ein missglückter Selbstmordversuch?

»Marys Vater ist ein angesehener Mann, er kennt den Präsidenten persönlich, und er wird jemanden wie Sie niemals als Schwiegersohn akzeptieren.«

»Ich bin Amerikaner, nicht weniger als Sie oder Marys Vater.«

»Mr. Todd wäre bereit, Ihnen eine komfortable Summe zu zahlen, wenn Sie Mary gehen lassen.«

Warum behandelt Ninian ihn wie eine Kakerlake? Er dreht sich um, wird laut. »Ich halte Mary nicht gefangen! Das können Sie Mr. Todd und von mir aus auch dem Präsidenten der Vereinigten Staaten ausrichten!«

Ninian errötet. Es ist lange her, dass Lincoln einen älteren Mann so tief erröten sah. Hat er sich gerade lächerlich gemacht?

»Das war nur die Nachricht, die ich überbringen sollte«, sagt Ninian. »Aber noch etwas. Wissen Sie überhaupt von Marys Krankheit? Seit der Verlobung ist es schlimmer geworden.«

»Was für eine Krankheit?«

»Etwas mit ihrem Kopf. Manchmal erstarrt sie vor Schmerzen, manchmal spricht sie laut mit sich selbst. Seien Sie verantwortungsvoll und überdenken Sie die ganze Sache bitte noch einmal.«

Mary soll krank sein? Er glaubt Ninian kein Wort. Jeder spricht manchmal mit sich selbst. Sie hat bisher ziemlich gesund auf ihn gewirkt. Vielleicht ein wenig zu selbstbewusst für eine Frau. Aber krank?

Als Ninian gegangen ist, wartet er, bis die Schritte verklungen sind. Dann sinkt er wieder zu Boden, legt sich auf den Bauch und schlägt im gleichmäßigen Takt mit seiner Stirn gegen das Holz.

VIELLEICHT PARIS

Als er das nächste Mal in Concord ist, um seiner Schwester die Pfeilspitze zu bringen, stellen sich ihm zwei Polizisten in den Weg. Er soll mit ihnen aufs Revier kommen, er wisse bestimmt, worum es geht. Als einer der Polizisten ihn unnötigerweise am Arm festhält, schüttelt Thoreau ihn ab und fordert ihn auf, ein guter Nachbar zu sein. Sieht er etwa wie ein Verbrecher aus? »Handeln Sie bitte als Mensch und nicht als Zahnrad der Staatsmaschine!«

Die Polizisten blicken betreten. Auf der Straße bleiben Menschen stehen. Thoreau wird sich bewusst, dass er mit seinem Vollbart und der alten Kleidung für sie wirklich wie ein Verbrecher aussieht. Er seufzt und folgt den Polizisten.

Zunächst denkt er, die Sache hat etwas mit seinem Sabotageversuch an den Bahngleisen zu tun. Hat ihn jemand dabei beobachtet? Aber im Office fragt Sam Staples, der Konstabler, ihn sofort nach der ausstehenden Kopfsteuer.

Darum geht es also. Er ist erleichtert. Für den Sabotageversuch schämt er sich, aber die Sache mit der Steuer will er ausfechten. Er hat niemandem das Versprechen gegeben, diese Steuer zu zahlen, und deshalb muss er sich auch nicht schuldig fühlen.

Sam Staples sitzt hinter seinem breiten Eichenholztisch und wirkt verlegen. Er kennt die Familie Thoreau und will die Angelegenheit diskret behandeln. »Sie können die sechs Dollar natürlich in Raten zahlen.«

»Das ist nicht nötig. Ich werde sie gar nicht zahlen. Ich kann eine politische Organisation nicht als meine Regierung ansehen, die die Regierung von Sklaven ist und einen Krieg gegen Mexiko unterstützt.«

Sam Staples schnappt nach Luft. Er hat schon gehört, dass der junge Thoreau schwierig sein soll, aber das überrascht ihn. Politische Organisation? Soll er das zu Protokoll geben? Er öffnet die Schublade, wo ein Schreibblock und ein Bleistift der Marke Thoreau neben einem Revolver liegen. Der Konstabler zögert. Vielleicht hat er sich verhört, vielleicht ist es ein Missverständnis. »Ich bitte Sie, was hat unsere kleine Stadt mit der Sklaverei im Süden zu tun?«

»Es ist dieselbe Regierung, für die Sie arbeiten. Ich fordere Sie hiermit auf, Ihr Amt niederzulegen! Dienen Sie nicht länger diesem Staat!«

Sam Staples' Gesicht färbt sich dunkelrot. Sein Amt niederlegen? Dieser Taugenichts gibt ihm Befehle? Er ist stolz auf die Uniform, die er trägt, und sein Blick wandert von der offenen Schublade zur amerikanischen Flagge an der Wand. Ständig muss die Flagge ausgetauscht werden, weil ein Stern dazukommt. Er schüttelt den Kopf, dann greift er nach dem Revolver und richtet ihn auf Thoreau. »Ab in die Zelle!«

»Sie bedrohen mich?«

Der Konstabler kommt hinter seinem Schreibtisch hervor, scheucht Thoreau vor sich her, den Gang hinunter in Richtung der einzigen Zelle.

»Sam Staples, Sie sind gar kein Mensch mehr, sondern nur noch ein Instrument«, sagt Thoreau, ohne sich zum Konstabler umzudrehen. »Sie verdienen nicht mehr Respekt als eine Vogelscheuche!« Soll er einfach davongehen, das Polizeirevier mit einem Lächeln verlassen? Der Konstabler würde bestimmt nicht auf ihn schießen. Aber dann käme vielleicht bald eine ganze Kompanie zu ihm in den Wald hinaus und seine Ruhe wäre dahin.

Also wartet er geduldig, bis der Konstabler die Zellentür aufgeschlossen hat und er in den etwa drei Mal drei Meter großen Raum eintreten kann.

Die Wände sind weißgetüncht, in einer Ecke steht ein kleiner Ofen, und das einzige Fenster ist vergittert. Thoreau steht bei der Tür, stemmt seine Hände gegen die Hüften und ist beeindruckt von der Unsinnigkeit dieser Einrichtung, die ihn behandelt, als wäre er lediglich Fleisch und Knochen. Was soll das bezwecken? Dass er seine Meinung über den Staat ändert? Sein Gewissen werden sie damit nicht beugen.

Erst auf den zweiten Blick erkennt er einen Mitgefangenen, einen kleinen Mann mit einer roten Säufernase, der auf einer Pritsche unter einer Wolldecke liegt. Thoreau begrüßt ihn, der Mann richtet sich auf, streckt sich und sagt, er sei schon drei Monate hier, weil er eine Scheune angezündet haben soll, er selbst könne sich nicht erinnern, weil er betrunken war. Er spricht schnell, vielleicht hat er seit drei Monaten mit niemandem gesprochen. »Und warum sind Sie hier?«

Als er den Grund für seine Haft nennt, glaubt der Mann es ihm nicht. »Sie können sich auch nicht mehr daran erinnern, was?«

»Mein Geist ist klar, und ich werde das alles aufschreiben.«

Der Mann nickt wie gegenüber einem Kind. »Bestimmt werden Sie das.«

Thoreau hat keine Lust, weiter mit dem Mann zu reden. Ihm kommt es märchenhaft vor, dass er im Gefängnis sitzt, aber andererseits findet er es nicht uninteressant. Es ist schon erstaunlich, wie schnell man zum Staatsfeind wird. Ein paar unbedachte Sätze, ein paar zu oft gestellte Fragen. Dabei hat er niemandem ein Versprechen gegeben, dessen Bruch man ihm nun vorwerfen könnte!

Er setzt sich auf die zweite Pritsche unterm Fenster und liest die Inschriften, die an der Wand hinterlassen wurden. Dann holt er einen Bleistift der Marke Thoreau aus seiner Manteltasche und kritzelt an die Wand: *Ich werde auf meine eigene Art und Weise atmen. Lasst uns sehen, wer stärker ist!*

Seinem Zellengenossen gefällt der Spruch, er sagt ihn immer wieder auf und bedankt sich bei Thoreau dafür. »Vielleicht ist Ihr Geist doch klarer als meiner.«

»Hast du nichts zum Schreiben hier?«

Der arme Kerl schüttelt den Kopf, und Thoreau schenkt ihm den Bleistift, damit er sich fortan seine eigenen Sprüche aufschreiben kann. »Mit einem Stift und einer weißen Wand wird dir nie langweilig.«

Der Mann hält den Stift in der Hand und betrachtet ihn wie einen Zauberstab, während Thoreau sich auf die Pritsche legt und die Augen schließt. Sein Intermezzo in der Bleistiftfabrik kommt ihm wieder in den Sinn. Damals hatte er die Idee, die Bleistifte, die aus zwei verklebten Holzhälften bestanden, zu verbessern. Dafür entwickelte er eine Methode, den Holzstift auszuhöhlen und die Miene hineinzupressen, wodurch die Stifte belastbarer wurden. Er überredete seinen Vater, einen Kredit aufzunehmen und bessere Maschinen zu kaufen, aber der Markt dankte es ihnen nicht. Da er jede Form von Reklame als verlogen ablehnte, stiegen die Verkaufszahlen nicht wesentlich an. Er hatte sich verkalkuliert. Seitdem hat er die Fabrik nicht wieder betreten und kein gutes Verhältnis mehr zu seinem Vater.

Er richtet sich von der Pritsche auf und blickt aus dem Gitterfenster in die Stadt hinaus. Durch einen leichten Schneeregen hindurch kann er sehen, was in der Küche einer gegenüberliegenden Kneipe passiert. Vor dem Haus nebenan nimmt ein Krämer seine Waren an, und auf dem Gehweg tritt ein Fellhändler nach einem Hund und rutscht dabei fast aus.

Ihm gefällt diese Perspektive eines Robinson Crusoe mitten in der Stadt. Das Gefängnis ist wie eine Insel, und die Säufernase wäre dann sein Freitag. Aus dieser Zelle heraus bekommt er eine ganz unmittelbare Sicht auf die Welt; er ist in der Stadt und er bleibt trotzdem draußen.

Und was erkennt er? Dass die Menschen ihre Wege gehen, meistens ohne an höhere Werte zu denken. Nur jedes Jahr zum Unabhängigkeitstag läuten sie die Glocken, um ihre Freiheit und den Mut ihrer Vorfahren zu feiern. Als hätten ihre Urgroßväter für das Recht gekämpft, drei Millionen Landsleute in der Sklaverei zu halten.

Am Abend besucht ihn Waldo in der Zelle. Thoreau ist überrascht. Hat sich sein Gefängnisaufenthalt bereits herumgesprochen? Wie immer trägt Waldo einen weißen Anzug, und er blickt verständnislos. »Henry, warum bist du hier?«

»Waldo, warum bist du nicht hier?«, äfft er ihn nach. »Wenn eine Regierung ungerecht ist, ist der Platz des Gerechten im Gefängnis!«

Waldo seufzt. Er kennt die Predigten seines Freundes, kurz blickt er zu dem anderen Häftling, der den weißen Anzug anstarrt wie ein Wunder. »Wollen wir hier in dem Loch wirklich über Politik diskutieren?«

»Das ist der beste Ort dafür.«

»Also gut, Steuern sichern unsere Institutionen, ich werde dazu demnächst einen Aufsatz publizieren. Institutionen bedeuten Stabilität. Politische Instabilität hat noch nie Wohlstand gebracht. Hab ein wenig Vertrauen in die Institutionen.«

»Ich sitze gerade in einer fest. Sie scheint nicht so harmlos zu sein, wie du sagst.«

»Weil du es aufregend findest! Weil du immer einen Sonderweg gehen musst! Weil du ein Sturkopf bist!« Waldo kräuselt seine Nase. »Riecht es hier nach Schimmel?«

Er ist ein Feigling, denkt Thoreau. Ein Schöngeist, ein Schwätzer. Ist er überhaupt noch sein Freund? »Ich besitze so gut wie nichts, und das meiste was ich brauche, erzeuge ich selbst, also muss ich auch nichts versteuern.«

»Beenden wir dieses Theater. Ich bezahle den ausstehenden Betrag für dich.«

»Theater?«

»Du warst und bleibst ein Exzentriker, Henry David, und du kannst sehr anstrengend sein. Wir haben Geduld mit dir gehabt. Ich habe dich auf meinem Stück Land diese Hütte bauen lassen, weil ich das Experiment interessant fand. Es ging um dich in der Natur, nicht um dich im Gefängnis. Dieses neue Experiment hier interessiert mich nicht.«

Thoreau muss sich beherrschen. Wenn er jetzt schreit, wirkt er wieder nur exzentrisch und Waldo sieht sich bestätigt. Aber er will schreien! Die Verhältnisse sind zum Schreien!

Er verbietet Waldo, seine ausstehenden Steuern zu zahlen, und fordert ihn auf, hier bei ihm in der Zelle zu bleiben. Wenn er das nicht tue, sei ihre Freundschaft beendet.

Waldo sieht ihn erschüttert an. »Ich bin entschieden gegen Ungerechtigkeit, gegen die Sklaverei, und ich sehe es als dringende Pflicht der Politik, eine Lösung zu finden. Aber das, was du hier machst, ist keine Politik. Du machst es dir zu einfach.«

»Es ist nicht einfach.«

Sein Mithäftling nickt mit dem Kopf und folgt dem Streit wie einem Boxkampf. Waldo sagt, dass er für ein halbes Jahr nach England geht, die Reise sei lange geplant und könne nicht verschoben werden. Ein paar Vorlesungen an der Londoner Universität, ein Besuch bei Mr. Wordsworth, vielleicht ein Ausflug ins schottische Hochmoor, vielleicht auch Paris.

Thoreau dreht sich zum Fenster und blickt hinaus. Vielleicht Paris. Es hat zu schneien begonnen. Er fühlt die Pfeilspitze in seiner Hosentasche. Bestimmt hat seine Mutter Waldo damit beauftragt, ihn aus dem Gefängnis zu holen. Sie selbst, sein Vater oder Sophia würden niemals hierherkommen.

Er schweigt, während Waldo ihm noch einmal anbietet, die Schulden zu zahlen. Er wartet, sieht dem Schnee beim Rieseln zu, bis die Zellentür geöffnet und wieder geschlossen wird. Waldo ist gegangen.

»Ein feiner Mann«, sagt die Säufernase.

Thoreau dreht sich zu ihm. »Meinen Sie das ernst? Haben Sie nicht zugehört?«

Der Mann zuckt mit den Schultern, und Thoreau ist drauf und dran, seine Wut an dem armen Kerl auszulassen. »Er ist nicht fein, und er ist nicht mehr mein Freund.«

Das Abendessen besteht aus einem halben Liter Schokolade und dunklem Brot. Es wird durch ein Loch in der Tür gereicht, auf rechteckigen Tellern, die genau durch die Öffnung passen. Als Thoreau den Teller zurückgeben möchte, lässt er leichtfertigerweise ein Stück Brot darauf liegen. Sein Zellengenosse schnappt es vom Teller und ermahnt ihn, es für später unter der Matratze aufzubewahren.

In der Nacht deckt er sich mit einem Büffelfell zu, aber er kann nicht schlafen. Er könnte die Zeit im Gefängnis nutzen und einen Aufsatz über die Pflicht zum zivilen Ungehorsam schreiben. Vielleicht wäre das etwas, was Margaret Fuller in ihrer Zeitschrift veröffentlichen würde. Es muss ein ganz grundlegender Aufsatz über die Grundrechte eines jeden Individuums sein, und wenn Ms. Fuller sich weigert, kann er den Artikel immer noch Nathaniel Hawthornes *Æsthetic Papers* anbieten. Hawthorne ist viel radikaler als alle Transzendentalisten zusammen. Und gibt es eigentlich einen besseren Ort, um eine Streitschrift gegen den Staat zu verfassen, als das Gefängnis?

Doch am Morgen öffnet Sam Staples die Zellentür und sagt, seine Familie habe die sechs Dollar bezahlt.

»Was?« Er rappelt sich von seiner Liege auf. »Das lehne ich entschieden ab! Geben Sie das Geld zurück!«

Sam Staples lacht und hält ihm die Tür weit auf. Da die Säufernase noch schläft, kann er sich nicht einmal verabschieden. Er stolpert aus der Polizeiwache auf die Straße hinaus, wo die Menschen ihren Geschäften nachgehen, als wäre alles in bester Ordnung. Er sieht den Krämer, den er gestern durchs Fenstergitter beobachtet hat. Die Baumwolle in seinem Laden wäre um Einiges teurer, wenn nicht Sklaven die Arbeit machen würden.

Er setzt sich in den Schneematsch, sein Hosenboden wird kalt und nass. Auf die Passanten muss er wie ein Betrunkener wirken. Er ruft: »Ihr habt euer Gewissen an die Institutionen delegiert!«

Er weiß nicht, wohin er gehen soll. Zurück in den Wald? Soll er so weiterleben wie bisher? Zu seiner Familie, die womöglich noch Dankbarkeit erwartet, zieht es ihn nicht. Für seine Mutter muss seine Haft ein gesellschaftlicher Tiefpunkt sein.

Stundenlang sammelt er Brennholz, um sich zu beruhigen. Draußen in der Natur kommt die Klarheit. Und je ruhiger er wird, desto mehr bereut er sein Benehmen in der Stadt, sein Herumschreien und dass er auf der Straße gesessen hat. Er will kein Rüpel sein.

Als er bei seiner Hütte eintrifft, sieht er Rauch aus dem Schornstein steigen und hört Stimmen. Sind die Stadtbewohner schon gekommen, um ihn auszuschimpfen? Hat er die Leute nun endgültig gegen sich aufgebracht? Ihm ist klar, dass sie ihn für verrückt halten. Er versteckt sich im Unterholz und wartet. Über dem See hängt ein kalter Nebel. Er reibt sich die Hände, tritt mit den Füßen auf der Stelle, flucht. Erst als Scudder innen vor das Hüttenfenster tritt, ist er erleichtert und wagt sich aus seinem Versteck.

Nicht nur Scudder ist hier, auch Reverend Channing und weitere Männer und Frauen sind da. Die Hütte ist voll. Sie haben ihn erwartet und stürzen auf ihn zu, um ihm zu gratulieren.

»In der Stadt gibt es nur noch ein Thema, und das sind Sie!« sagt der Reverend. »Ich hatte keine Ahnung, dass Sie so ein engagierter Abolitionist sind.«

Von der stickigen Luft in der Hütte wird ihm flau. Was ist das hier, ein Konvent? Die Gäste umringen ihn und sehen ihn erwartungsvoll an.

»Nun, ich bin zuerst ich selbst.« Soll er ihnen sagen, dass die Sklavenfrage für ihn bis vor Kurzem nur ein Problem von vielen war? Dass es ihm um Freiheit an sich geht?

Er ist verlegen. Er war nie ein Anführer, nicht als Kind und erst recht nicht später. Er mag es nicht, Reden zu halten oder Anweisungen zu geben, er kommt sich dann immer wie ein Aufschneider vor. Aber er möchte ein guter Gastgeber sein, daher bietet er Getränke und Rosinen an. Weil die Stühle nicht reichen, setzen sich ein paar der Gäste aufs Bett und auf den Boden. Auf seinen fragenden Blick hin erklärt der Reverend: »Wir sind die Underground Railroad und helfen entflohenen Sklaven über die Grenze nach Kanada. Bei warmem Wetter treffen wir uns auf einer Lichtung im Wald, aber im Winter wissen wir nicht, wohin.«

Deswegen sind sie also hier. Um einen Ort für ihre Treffen zu erbitten. Er hat von der Underground Railroad gehört, aber er wusste nicht, dass sie auch in Concord aktiv ist. Er ist gerührt, offenbar gibt es ein paar Anständige in der Stadt, und besonders freut er sich, dass Scudder dabei ist.

Aber ihre Treffen können sie nicht in seiner Hütte abhalten. Er versucht, nicht zu abweisend zu klingen, als er sagt, dass er sich für ein Einsiedlerleben entschieden hat. »Ich brauche meine Ruhe, um über mich nachzudenken und um zu schreiben.«

»Für wen schreiben Sie?« fragt eine junge Frau, Louisa May Alcott, eine seiner früheren Schülerinnen. »Und wird es etwas bewirken?« Sie kann nicht älter als zwanzig Jahre alt sein, und Thoreau ist stolz auf ihre Entwicklung.

»Das kann ich nicht versprechen.«

»Wir müssen uns zusammentun. Dieses Land ist nicht mehr mein Land!«

Jetzt reden alle durcheinander, schimpfen über den von der Regierung geplanten Fugitive Slave Act, mit dem sich die Nordstaaten verpflichten sollen, entflohene Sklaven an den Süden auszuliefern.

»Wir werden nicht zulassen, dass ein einziger Sklave in den Süden zurückgebracht wird, selbst wenn wir uns dadurch strafbar machen«, sagt der Reverend und bittet Thoreau, der Underground Railroad beizutreten. »Sie sind ein Vorbild für uns.«

Er will kein Vorbild sein, er will in erster Linie frei sein. Er blickt zu Scudder, der sich in so kurzer Zeit sehr verändert hat. Ist das sein Werk? »Ich bin für diese Art der Zusammenarbeit nicht geeignet. Sehen Sie, ich lebe gern in den Tag hinein, möchte mich für niemanden verantwortlich fühlen. Um es offen zu sagen, ich fürchte um mein zurückgezogenes Leben hier draußen.«

»Es würde genügen, wenn Sie ab und zu einen Flüchtling in Ihrer Hütte beherbergen«, sagt Scudder. »Im Winter machen sich sowieso nur wenige auf den Weg.«

Ein wenig beschämt ihn die Situation. Gestern Abend, in der Zelle, hat er sich über Waldo geärgert, ihn vor die Wahl gestellt. Und jetzt?

»Ich denke, dieses Opfer kann ich bringen«, sagt er. »Ab und zu ein Gast, warum nicht. Und eure Versammlung hier, einmal im Monat.«

Seine Gäste atmen erleichtert auf, dann fragen sie ihn über die praktischen Seiten des Lebens im Wald aus. Die einen möchten wissen, was er isst und ob er sich nachts fürchtet. Andere fragen, ob er vor Einsamkeit nicht verrückt wird.

»Die Angst vor dem Verrücktwerden ist völlig unbegründet. Eher gewinnt man einen Blick für die Verrücktheiten der Gesellschaft.«

»Ist es hier draußen nicht fast so, als wären Sie im Gefängnis?« fragt der Reverend. »Als Sie mir damals die Tür vor der Nase zuschlugen, dachte ich, Sie schließen die Welt nicht aus, sondern sich freiwillig ein.«

»Ja, vielleicht.« Thoreau schwirrt schon der Kopf. So viele Nachfragen, so viele Interpretationen, so viele Empfehlungen. Buchstäblich über Nacht ist das Chaos in sein Leben eingezogen.

Er entschuldigt sich, geht hinaus ans Seeufer, will nicht mehr reden. Seine Wörter sind für heute aufgebraucht. Er setzt sich auf seinen Baumstamm und versucht, trotz der Stimmen aus der Hütte ein Plätschern oder ein Rascheln im Wald zu hören. Seine geliebten Abende am See, sind sie jetzt vorüber? Er wartet, bis seine Gäste gehen, winkt ihnen hinterher, eine lustige, aufgekratzte Gruppe, deren Laterne im Wald verschwindet. Dann geht er in die Hütte und fällt in sein Bett.

UMFÄLLT

Lincoln sitzt neben einer Kerze auf dem Fußboden der Kammer und schreibt einen Brief an Mary. Er hat ihr schon viele Briefe geschrieben, aber nie hat er dabei auf dem Boden gesessen und nie war er so traurig wie jetzt. Er erwähnt nicht Ninians Besuch in der Kanzlei und geht auch nicht auf ihre angebliche Krankheit ein. Er schreibt nicht, was er möchte, nur, was er nicht möchte. Nicht mehr mit ihr verlobt sein.

Neben ihm putzt sich Joshua für die Silvesterfeier heraus. Er ist gut gelaunt, er lebt für diese Feste, redet tagsüber im Geschäft von nichts anderem. Mit einer grünen Schleife um den Hals betrachtet er sich im Spiegel wie ein Preisbulle. »Tilda wird die Schleife gefallen.«

Lincoln reizt es, etwas Gemeines zu sagen. Aber er murmelt nur, dass er später nachkommen wird. Er möchte Mary den Brief auf dem Ball geben und dann verschwinden, sich in Luft auflösen, fortziehen. Er kann nicht mit ihr über eine Trennung sprechen, er weiß, dass er kein Wort herausbringen würde.

Joshua rasiert sich und steckt danach die Rasierklinge in seine Stiefeltasche. Lincoln ist aufgefallen, dass sein Freund darauf achtet, keine Rasierklingen in der Kammer zu lassen. Dabei würde er, wenn er wollte, auch ohne Rasierklinge einen Weg finden. Sobald Joshua gegangen ist, stockt die Feder in Lincolns Hand, er starrt in die Flamme der Kerze. Vielleicht wird er Frauen eines Tages weniger brauchen, vielleicht ist die Ehe ein Hirngespinst dieser unreifen Gesellschaft. Politik versagt vor dem Privaten, endet vor dem Schlafzimmer. Er würde gern alles Private aus seinem Leben tilgen und ganz öffentlich existieren, in einer Funktion. Er glaubt, das würde ihn glücklich machen.

Aber das kann er nicht schreiben. Die Pausen zwischen den Sätzen dauern so lang, dass Tinte aufs Papier tropft und den Brief wie das Vermächtnis eines Zerrütteten wirken lässt. Und vielleicht stimmt das ja.

Er versucht einen Brief zu schreiben, der Mary nicht beleidigt, der alle Schuld und Ursache für die Trennung bei ihm sucht. Das Ergebnis klingt erschreckend selbstmitleidig. Er knüllt den Brief zusammen und beginnt einen neuen.

Auf dem Fest wartet Mary derweil ungeduldig auf ihn. Es ist nur noch eine Stunde bis Neujahr, ihr ist heiß und der Fächer in ihrer Hand wedelt hastig, während sie sich umschaut. Jeder weiß, dass sie verlobt ist und mit wem. Um so verdächtiger, dass sie hier, zu Silvester, alleine stehen muss.

Joshua bringt ihr ein Getränk und verspricht, dass sein Freund bald kommt, aber dann verschwindet er auch schon wieder, auf der Suche nach Tilda. Sie amüsieren sich, während Mary kurz davor ist, zu weinen.

Um so erleichterter ist sie, als der unausstehliche Mr. Johnson sie zum Tanz auffordert. Vielleicht hat er ein Herz, denkt sie, vielleicht nutzt er auch nur die Gelegenheit. Sie tanzen eine Stunde lang, obwohl Mr. Johnson schon ganz außer Atem ist. Dann zählen sie bis Mitternacht, Korken knallen, Papierschlangen fliegen über ihre Köpfe, aber Mary will gleich weitertanzen, damit sie nicht alleine steht und vor sich hin brütet.

Als die ersten Gäste gehen, trifft Lincoln ein. Er hat es aufgegeben, diesen Brief zu schreiben. Mit schwerem Kopf und verwirrt, schiebt er sich durch die Menschen. Er weiß nicht, wie er sich gegenüber Mary verhalten soll, und als er sie auf der Tanzfläche mit Mr. Johnson sieht, ist er fast erleichtert. Sie hat ihre Augen geschlossen, scheint zufrieden. Trotz ihrer abweichenden politischen Ansichten geben die beiden ein akzeptables Paar ab.

Lincoln lässt sie weitertanzen, geht nicht zu ihr, spricht sie nicht an. Er versucht, wütend zu sein und spielt die lächerliche Rolle eines Betrogenen. Das befreit ihn irgendwie und zeigt ihm einen Weg. Fluchtartig verlässt er den Ball. Er versucht, unterwegs nichts von seiner Wut zu verlieren und schreibt zu Hause einen Brief voller Anschuldigungen, lässt es so aussehen, als ob sie sich von ihm abgewendet hat.

Vielleicht muss er sie verletzen, um sie verlassen zu können. Er faltet den Brief und steckt ihn in einen Umschlag. Als Joshua nach Hause kommt, bittet er ihn, Mary den Brief zu bringen.

»Du hättest auf dem Ball mit ihr reden können.«

»Ich war kurz dort. Ich kann das nicht.«

»Du bist erbärmlich. Frohes neues Jahr übrigens!« Joshua zieht seine Stiefel aus, reißt sich die grüne Schleife vom Hals und ist gereizt. Bestimmt hatte er wieder keinen Erfolg bei Tilda. Er wirft sich ins Bett und schnarcht nach wenigen Minuten.

»Stimmt«, flüstert Lincoln. »Ich bin erbärmlich.« Sein Gehirn haspelt die ersten Paragraphen der amerikanischen Verfassung, das hat er sich angewöhnt, um sich zu beruhigen. Er zieht sich den Mantel an und geht hinaus.

»Stimmt«, flüstert er wieder. »Erbärmlich. Unverantwortlich.« Die Nachtluft ist frisch, und zum ersten Mal seit Tagen fühlt er sich wach. Er will einen Schlussstrich ziehen, und diese Aussicht wirkt befreiend.

Der Morgen dämmert bereits, als er bei den Edwards ankommt. Der Kiesweg knirscht unter seinen Schuhen, und alle paar Schritte bleibt er stehen, aus Angst, die Hunde könnten bellen. Leise klopft er an die Haustür, lauscht. Er weiß, dass die Magd ihr Kabuff gleich neben der Tür hat, und als sie aufmacht, wirkt sie verschlafen. Dann aber erkennt sie ihn, nickt verschwörerisch und lässt ihn herein. Wie eine Kupplerin führt sie ihn die Treppe hinauf zu Marys Zimmer und zieht sich dann zurück.

Was soll er tun? Er legt ein Ohr an die Zimmertür. Nichts ist zu hören. Er flüstert ihren Namen, klopft leise. Kurz darauf dringt Licht durch den Türspalt, in dem ihr Gesicht erscheint. Sie ist überrascht, nickt dann aber anerkennend, als ob dieser Besuch das Mindeste sei, was er tun kann. Und obwohl sie im Nachthemd ist, lässt sie ihn ins Zimmer.

»Du solltest mich nicht mitten in der Nacht besuchen. Vor allem nicht nach dem, was heute Abend passiert ist.«

Er weiß, dass eine Dame so etwas sagen muss. Auf dem Tisch steht ein spätes Nachtmahl, eine abgenagte Entenkeule und Pastinaken. Hat sie auf dem Fest nichts gegessen? Er bleibt bei der Tür stehen, und der Abstand zwischen ihnen betrübt ihn. Wie oft haben sie in diesem Zimmer wie Turteltäubchen zusammengesessen.

»Ich nehme an, du bist gekommen, um dich zu entschuldigen?«

Als er »Ja« sagt, weiß er, dass er nicht den Mut aufbringen wird, über ihre Trennung zu reden. Mary reibt sich ihre Schläfen, und er denkt daran, was Ninian über ihre Krankheit gesagt hat. Vielleicht ist es wahr. Vielleicht stimmt etwas nicht mit ihren Nerven.

»Weißt du, wie anstrengend es ist, dich ständig vor meiner Familie zu verteidigen?«

»Ich wäre gern anders.« Paragraphen drängen sich wieder in sein Denken, eine fein gegliederte Kette, an der er sich entlanghangeln kann. In welcher Funktion ist er hier? Welche Bühne hat er betreten? Er denkt an Shakespeare-Dramen, Romeo und Julia, aber das gibt ihm keine Sicherheit.

»Du kommst mir wie ein Gesicht ohne Öffnungen vor«, sagt sie. Sie spricht leise und schnell, als könnten die Worte versiegen. »Neulich habe ich von dir geträumt, deine Augen und dein Mund waren zugewachsen.«

»Das stimmt ja nicht.« Ist sie jetzt gerade krank? »Das war nur ein Traum.«

»Als Verlobter trägst du eine Verantwortung mir gegenüber. Ich habe den ganzen Abend auf dich gewartet. Die Leute wollten wissen, wo mein Verlobter ist, und ich wusste nicht, was ich antworten sollte.«

»Das tut mir leid.«

»Wenn du mich heiraten möchtest, muss ich mich auf dich verlassen können. Wenn ich mich weiterhin vor dich und die Welt stellen soll, muss ich dir vertrauen können.«

Vor ihn und die Welt stellen? Als Schutz? Das kommt ihm übertrieben vor. Er will nichts lieber als die Welt, er ist kein Kind, das vor der Welt geschützt werden muss! »Du musst dich nicht weiter für mich aufopfern«, sagt er. »Wenn unsere Verlobung so eine Anstrengung für dich bedeutet, sollten wir sie beenden.«

Er ist überrascht, wie wenig es ihn berührt; ein Verwaltungsakt, mehr nicht. Als ob er von innen ausgehöhlt ist. Als

ob nur eine Hülle von ihm hier steht. Lustlos und gleichgül-
tig zuckt er mit den Schultern.

Mary sieht ihn an. »Meinst du das ernst?«

»Ich werde dir nie genügen.« Er geht zur Tür, verlässt ihr
Zimmer. Als er auf der Treppe ist, ruft Mary ihm so laut hinterher, dass es bestimmt jeder im Haus hört: »Das ist die Un-
zuverlässigkeit, die ich meine!«

Sie muss wirklich verrückt sein, mitten in der Nacht hier
in Ninians Haus so laut zu schreien. Er sieht sich kurz um.
Marys Schwester beugt sich mit einer Kerze übers Treppen-
geländer, fragt, was hier los sei. Die Magd kommt angerannt,
beide Hände über dem Kopf zusammengeschlagen und ihren
Fehler erkennend. Und wo ist Ninian? Holt er sein Gewehr,
um ihn, die Ratte, zu vertreiben?

Lincoln rennt aus dem Haus, durch den Garten und die
Straße hinunter. Wirklich wie eine Ratte, die in ihr Loch zurückkehrt.

Eine Ladung Briketts ist gekommen, Lincoln und Joshua
schleppen die gebündelten Blöcke in den Laden. Mit ihren
schwarzen Zylinderhüten sehen sie wie gierige Kobolde aus,
die einen Schatz in Sicherheit bringen.

Er trägt seine Fliege jetzt ständig, durch sie kommt ihm
sein Leben etwas geordneter vor. Aber seine Hose rutscht
beim Tragen der Briketts und erinnert ihn daran, wie abgemagert er ist, seit das Gehalt aus der Kanzlei fehlt, seit er
Mary nicht mehr sieht.

Als sie fertig sind, fegt Lincoln die kleine Veranda, während Joshua sich auf die Türschwelle setzt und sich eine
Pfeife anzündet. Er ist still heute. Denkt er an Tilda?

Lincoln beschwört den nächsten Ball, den nächsten Tanz herauf, aber das tröstet seinen Freund nicht.

»Es ist nicht deswegen. Gestern ist ein Brief meiner Mutter gekommen, mein Vater ist gestorben.«

»Das tut mir leid.« Er stützt sich auf den Besenstil, denkt an seinen eigenen Vater, den er seit zwei Jahren nicht gesehen hat. Er lehnt den Besen gegen die Hauswand, setzt sich zu Joshua, reibt sich die Stirn. »Fährst du zur Beerdigung?«

»Ich werde mich um meine Familie kümmern müssen, vor allem um unsere Plantage.«

»Ihr habt eine Plantage? Was baut ihr an?«

»Zuckerrohr.«

»Und jetzt willst du sie verkaufen?«

»Das kann ich meiner Mutter nicht antun. Nein, ich werde zurück in den Süden ziehen.«

Für immer? Das trifft ihn wie ein Schlag. Joshua hier zu haben, mit ihm das Wirrwarr der Liebe aufzudröseln oder es zumindest zu versuchen, das war sein Trost. »Du hast mal gesagt, dass du das Landleben nicht ausstehen kannst.« Er denkt an seine eigene Kindheit in der Blockhütte. Manchmal hat sein Vater ihn an Nachbarn ausgeliehen, damit er ihnen bei der Feldarbeit hilft. Das Geld hat sein Vater behalten. War das eine Form von Sklaverei? »Warte mal, ihr habt Sklaven?«

»Nur ein paar. Siebzig. Die Plantage gehört uns seit Generationen und wir behandeln unsere Leute gut. Ich werde den Laden verkaufen, es gibt schon einen Interessenten.«

»Du bist der Sohn eines Sklavenbesitzers?« Er merkt, dass er Joshua nicht wirklich kennt, er muss das Bild, das er von ihm hat, korrigieren. Er fragt ihn, wer den Laden kaufen möchte.

»Das Bordell will expandieren.«

Lincoln erinnert sich an sein fragwürdiges Erlebnis im Bordell, aber wahrscheinlich ist es ein gutes Zeichen für die Stadt, wenn das Bordell expandiert. Immer mehr Leute ziehen aus dem Osten hierher, es sollen schon knapp fünftausend Menschen hier wohnen.

Er blickt auf seine Hände, seine Finger sind schwarz von den Kohlen. Er kann sich Joshua nicht als Sklavenbesitzer vorstellen.

Er steht auf, auch der Besenstil ist schwarz, und bestimmt auch seine Stirn. Zurzeit klebt das Pech wirklich an ihm. »Ich finde eine andere Unterkunft, mach dir keine Sorgen.«

Joshua klopft seine Pfeife aus. »Die Briketts kannst du für dein neues Zuhause mitnehmen.« Er steht auf und geht in den Laden, stemmt die Hände gegen die Hüften und sieht sich um.

Fünf Tage später verabschieden sie sich. Sie umarmen sich auf der Straße vor dem Geschäft, während der Präriewind kalt und beißend weht. Drei Koffer stapeln sich oben auf der Kutsche, die auch innen mit Gegenständen aus dem Laden vollgestopft ist. Lincoln versucht, nicht traurig auszusehen, obwohl er wirklich keine Ahnung hat, wie es mit ihm weitergeht.

Für die Fahrt trägt Joshua einen altmodischen Anzug, der viel zu groß für ihn ist. Er sieht darin wie ein Landei aus, wie ein seltsamer Vogel, der aus einem Sack herausschaut. Lincoln klopft ihm auf die Schulter.

»Wirst du mich in Louisville besuchen?«

»Bestimmt. Ich werde mir anschauen, ob du deine Sklaven wirklich gut behandelst. Du könntest sie natürlich auch einfach freilassen.«

»Einfach? Lass uns jetzt nicht darüber diskutieren.«

Sie stehen noch eine Weile beieinander, aber ihnen ist nicht nach reden zumute. Als die Kutsche anfährt, winkt Lincoln ihr hinterher, dann setzt er sich vor die geschlossene Ladentür, wo seine Satteltasche und die gebündelten Briketts liegen.

Er trägt den Zylinder auf dem Kopf, auch gegen die Kälte. Er holt ein Schnapsfläschchen hervor, nimmt einen Schluck, denkt an Joshua und an Mary. Mit beiden ist es nun vorbei. Marys Briefe liegen in der Satteltasche, ordentlich mit einer Schnur zusammengebunden, neben der Brosche von Miss Owens, in die er immer noch keinen Blick geworfen hat. Vielleicht wird er die Brosche verkaufen, sie bedeutet ihm nichts, im Gegensatz zu Marys Briefen. Ein Satz fällt ihm ein, eines der Shakespeare-Zitate: *Mein Auge ist ein Maler, der dein Bild in meines Herzens Grund gezeichnet hat.*

Das hat Mary geschrieben, und er hat sich damals sehr gefreut. Aber was hat ein gemaltes Bild mit der Wirklichkeit zu tun?

FEUERSALAMANDER

Thoreau pflegt die Gewohnheit des frühen Aufstehens, seit er gelesen hat, dass es unklug sei, den Kopf lange auf gleicher Höhe mit den Füßen zu halten. Oder hat ihm Waldo das erzählt? Oder ist es eine alte Indianerweisheit? Jedenfalls beginnt er jeden Morgen mit Gymnastik, mit kreisenden Schultern und schlenkernden Beinen, was er heute, weil die letzten Schneereste geschmolzen sind, vor der Hütte erledigt.

Seit es wärmer ist, wird jeder Morgen zu einem kleinen Frühling für ihn, eine Einladung der Welt, seine Fühler nach ihr auszustrecken; wie ein Baum, dessen Äste im Frühling erwachen.

Nach seiner Gymnastik klettert er, noch im Morgengrauen, auf den Goodman's Hill, wo es nach Erdbeeren duftet, obwohl es viel zu früh dafür ist. Er geht an alten Wildapfelbäumen vorbei, die seit seiner Jugend im Sterben liegen und immer noch nicht tot sind. In der Ferne blöken Schafe, wahrscheinlich zieht ein Hirte durchs Land.

Fast ein Jahr lebt er nun hier draußen am See. Er hat eine Hütte gebaut und ein Feld angelegt, hat mehr Bohnen und Kartoffeln geerntet, als er braucht. Scudder meint, er solle den Überschuss auf dem Markt verkaufen, aber sein Ziel ist die Vereinfachung des Lebens, also wird er sein Feld verkleinern, um zukünftig weniger arbeiten zu müssen.

Einmal in der Woche holt er auf der Post seine Briefe ab. Seine Familie besucht er nicht mehr, er will sich nicht verstellen oder streiten. Wenn seine Mutter in den Wald hinauskommt, um ihm Essen oder Kleidung zu bringen, schwebt die Nacht im Gefängnis unausgesprochen zwischen ihnen wie ein Tabu. Er hat ihr gesagt, dass er keine neuen Kleider braucht, aber sie hört nicht auf ihn.

Sein Essay *Über die Pflicht zum Ungehorsam gegen den Staat* ist in den *Æsthetic Papers* erschienen. Nathaniel Hawthorne musste nicht lang überredet werden, auch wenn er den ungeordneten Stil beanstandete. Offenbar hat Thoreau in seiner Schrift ein dringendes Thema aufgegriffen, denn die Reaktionen waren überwältigend. Hawthorne hat ihm ein Bündel mit Leserbriefen geschickt, die er noch nicht angerührt hat.

Von Waldo ist ein Brief aus England eingetroffen, in dem er kein Wort über ihren Streit im Gefängnis verliert; stattdessen endlose Beschreibungen vom Müll auf Londons Straßen, von Englands starrem Klassensystem und dem lächerlichen und teuren Königshaus. Thoreau hätte sich eine Entschuldigung gewünscht, er ärgert sich immer noch, wenn er an Waldos herablassenden Ton denkt. Er beschließt, ihm keinen Antwortbrief zu schreiben.

Mücken gibt es so früh am Morgen auf dem Goodman's Hill nicht, dafür aber Echsen, Murmeltiere und Bieber. Die Luft hier oben ist so klar, dass er in südlicher Richtung bis nach Concord und in nördlicher bis nach Lincoln sehen kann. Der See wirkt langgezogen wie ein fließendes Gewässer in einem waldigen Tal. Thoreau setzt sich auf einen Felsen und hält sein Gesicht in die Sonne.

Er hat diesen Ort lange gemieden, weil er schmerzhafte Erinnerungen damit verbindet. Zuletzt war er mit Ellen Sewall hier, vor fast drei Jahren. John und er waren beide hoff nungslos in sie verliebt. Seit es Frühling wird, denkt er öfter an diese Zeit zurück. Er war hingerissen von Ellens Bildung und einfühlsamer Art. Sie war blass und puritanisch, er hat sie niemals ohne Haube gesehen. Hier auf der Lichtung haben sie zusammen Homer und die Stoiker im Original gelesen, und als Tante Prudence, Ellens Anstandsdame, kurz im Wald verschwand, sank er auf seine Knie und stotterte ein paar Wörter, die er sich vorher zurechtgelegt hatte. Er benutzte nicht das Wort Liebe, sprach lieber von Verantwortung. Ellen war überfordert, ihre Blässe verwandelte sich kurz in Glut, aber sie vermied eine klare Antwort. Später erfuhr er, dass John ihr ebenfalls einen Heiratsantrag gemacht hatte. Am Ende nahm sie keinen von ihnen und heiratete einen Prediger in Boston.

Wie würde sein Leben aussehen, wenn sie seinen Antrag angenommen hätte? Bestimmt würde er nicht in dieser Hütte wohnen. Er hätte weniger Zeit zu Schreiben, würde praktischer und unbewusster leben. Wäre er ein braver Bürger geworden, der jeder Unannehmlichkeit aus dem Weg geht? Mit einem Geschäft am Marktplatz und mit Kindern, die er zum Umzug am Unabhängigkeitstag mitnimmt?

Er streicht mit seinen Fingerspitzen über den Fels und entdeckt einen Salamander, der sich neben ihm auf dem Stein sonnt. Sie sitzen eine Weile beieinander, zwei Einzelgänger, die sich zufällig auf einem Berg getroffen haben.

Seit seiner Nacht im Gefängnis haben sich die Abolitionisten noch zweimal in seiner Hütte getroffen, ohne dass sie einen entflohenen Sklaven mitbrachten. Obwohl Thoreau zu seinem Wort steht, ist er doch froh, die Hütte für sich allein zu haben. Er kennt sich und weiß, wie ungern er andere in sein Leben lässt.

Wie kommt es, dass ihn die Anwesenheit von Menschen eher reizt als beruhigt? Scudder ist öfter zu Besuch als ihm lieb ist, und Reverend Channing hat sogar eine Messe in der Nähe der Hütte abgehalten, wobei er Thoreaus Worte von der Kathedrale aus Bäumen verwendete. Auch sind schon ein paar Leser seines Aufsatzes an den See gepilgert, um mit eigenen Augen zu sehen, wie ungehorsam er lebt. Sie blieben in einiger Entfernung von der Hütte stehen, trugen eine Ausgabe der *Æsthetic Papers* mit sich und wollten ihn nicht stören. Und jedes Mal dachte er, dass sie enttäuscht sein und ihn für einen Hochstapler halten mussten.

Als er von seinem Morgenspaziergang zurückkehrt, ist der Waldboden von Pferdehufen aufgewühlt, und er sieht vier Reiter, die vor seiner Hütte warten. Sie wirken nicht wie Leser, eher wie Räuber, mit Gewehren auf ihren Rücken. Thoreau geht an ihnen vorbei, grüßt sie höflich und erkennt ihren Anführer. Es ist John Brown, dessen Gesicht auf Flugblättern an Bäume in der Umgebung genagelt ist. Seit ein paar Wochen soll er sich in Massachusetts aufhalten, auf der Flucht vor den Behörden. Er hat sich dem militanten Abolitionismus verschrieben und wird wegen Mordes an einem Sklavenbesitzer gesucht.

John Browns Stimme klingt überraschend respektvoll, als er sagt, dass er den Aufsatz gelesen hat. »Ich wollte den Verfasser mit eigenen Augen sehen.«

»Und sind Sie jetzt enttäuscht?«

»Ich habe Sie mir weniger schmächtig vorgestellt, aber Sie sind nun mal ein Mann des Wortes. Ihr Aufsatz hat mir gefallen, so kämpferisch im Ton. Sie sind für unseren Kampf ins Gefängnis gegangen!«

Ihr Kampf? Gehört er jetzt zu ihnen? »Nur für eine Nacht.«

»Immerhin. Schließen Sie sich uns an!«

Reverend Channing hat ihm von diesem Brown erzählt, es heißt, dass er ebenfalls ein Pfarrer war, bevor er sich für den Kampf entschied. Seine Strenge und seine geschliffene Sprache passen zu einem Geistlichen, und er versucht, seine Schafe um sich zu scharen.

»Ich wäre mehr Last als Hilfe. Ich kann noch nicht mal gut reiten.« Er hört die Männer lachen, während er sich am Türknauf festhält und mit einem Messer die feuchte Erde von den Sohlen schabt. Dass ein Mörder sich auf seinen Aufsatz beruft, stößt ihm auf.

Er geht in die Hütte und schält Kartoffeln, und als er das nächste Mal durchs Fenster blickt, sind die Reiter verschwunden.

KRAKEL

Es geht ihm nicht gut. Schon seit Wochen nicht. Obwohl er bei einem befreundeten Whig, Mr. Butler, wohnen kann, treibt es ihn auf die Straßen hinaus, in den Regen, den Schmutz, den Gestank. Er geht allein, ohne aufzublicken, bloß Schritt für Schritt, weiter kann er nicht denken als bis zu dem Moment, wo sein Fuß wieder den Boden berührt.

Auch der Staat Illinois ist in eine Krise gerutscht, und nicht wenige machen ihn, Lincoln, und das Infrastrukturgesetz der Whigs dafür verantwortlich. Die verbesserten Straßen, Wasserwege und Schienen haben die Wirtschaft nicht angekurbelt, jedenfalls noch nicht, und jetzt ist die Staatskasse leer und die Steuern müssen erhöht werden. Aber geht ihn das überhaupt noch etwas an? Er hat hauptsächlich mit sich selbst zu kämpfen, sein Denken ist in diesen Tagen kurzatmig und zu umfassenden Analysen nicht fähig.

Sein Hut sitzt ihm schief auf dem Kopf. Er gesellt sich zu den Gammlern vor der Kirche, nicht weil er um Essen betteln möchte, sondern weil er Hilfe braucht. Ernsthafte Hilfe von jemandem, der sich mit der menschlichen Seele auskennt. Aber als der Pfarrer herauskommt, schämt sich Lincoln plötzlich und wendet sich ab, schlägt den Mantelkragen hoch, verschränkt seine Arme und versucht sich zu wärmen.

Er geht an endlosen Tagen durch endlose Straßen, melancholisch, einsam, aber unfähig, mit einem Menschen ins Gespräch zu kommen. Manchmal hält er nach einem grünen

Pflänzchen Ausschau und denkt an den Traum, der ihn Nacht für Nacht heimsucht. Darin rennt er durch einen abgestorbenen Wald, die kahlen Äste wie Schwerter, an denen er sich schneidet. Sieht so sein Inneres aus?

In seinem Zimmer im Haus der Butlers schreibt er einen Brief an Joshua: Entschuldige bitte, dass ich mich erst jetzt melde, aber mir fehlte bisher die Kraft dazu. Gegenwärtig befinde ich mich in einem erbärmlichen Zustand. Wenn das, was ich fühle, gleichmäßig auf alle Menschen verteilt wäre, gäbe es kein einziges fröhliches Gesicht auf der Erde.

Er horcht auf. Seine Ohren machen Geräusche wie Sirenen. Jetzt, in der Stille des Zimmers, ist das Fiepen besonders laut, als ob es in ihm brennt und sein Körper Alarm schlägt. Oder kommt es doch von draußen? Brennt die Stadt? Er blickt sich hektisch um, lauscht. Sein Innenleben spielt ihm Streiche.

Ich habe niemanden, mit dem ich reden kann. Wenn ich Mr. Butler von meinen Problemen erzählen würde, wäre das für ihn ein Beweis meiner Unbrauchbarkeit. Ein kranker Politiker ist gefährlich, seine Krankheit überträgt sich auf die Gesellschaft, die er nach seinen Vorstellungen gestaltet. Jedenfalls habe ich mich in privaten und beruflichen Dingen als unfähig erwiesen. Halbe Sachen sind meine Spezialität, mein lieber Joshua, und am Ende bezahlen immer andere dafür.

Wieder fiept und trompetet es in seinem Ohr, und auf seiner Stirn steht der Schweiß. Kann er nicht einmal in Ruhe einen Brief schreiben? Wütend schlägt er mit der flachen Hand auf den Tisch, steckt sich einen Finger ins Ohr, rüttelt daran herum, bis er Blitze sieht. Er ist wie ein kaputter Apparat. Er umklammert die Feder, schreibt weiter: *Ich sage mir, dass ich mich zusammenreißen muss, aber eigentlich glaube ich nicht, dass es mir jemals wieder besser gehen wird. Mr. Butler und seine Frau sind sehr zuvorkommend, und im Vergleich zu unserer alten Kammer über dem Laden wohne ich nun geradezu luxuriös. Aber ich möchte meinen Gastgebern nicht ...* Die Schrift verschwimmt vor seinen Augen. Die Feder kratzt hartnäckig über das Papier, fährt über den Blattrand aufs Holz und sogar über die Tischkante hinaus und stürzt ab. Die Welt kippt um, er fällt vom Stuhl. Die Beine angewinkelt, als würde er immer noch sitzen, sieht er die Tischplatte von unten.

Als er seine Augen öffnet, beugt sich Mr. Butler mit besorgter Miene über ihn. »Endlich sind Sie wach. Meine Frau bringt Ihnen was zu essen.«

Er liegt im Bett. Haben sie seinen angefangenen Brief gelesen? Mr. Butlers Gesicht ist rund wie ein Kürbis, und seine Frau steht mit einem Teller dampfender Suppe hinter ihm. Ihr gedrungener Körper und ihre vollen Lippen erinnern ihn jedes Mal an Mary. Sie sieht Lincoln ratlos an, als ob sie nicht daran glaubt, dass ihre Suppe etwas bewirken kann.

Er richtet sich auf, nimmt den Teller auf seinen Schoß und beginnt zu löffeln, aber nach zwei Schlucken wird ihm übel. Sein Inneres wehrt sich, der dürre Wald in ihm will nicht gewässert werden. »Später«, flüstert er und stellt den Teller auf den Nachtschrank, der mit Zeitungen vollgepackt ist.

»Lektüre«, sagt Mr. Butler, »damit Sie sich nicht langweilen.«

Er hört einen Zweifel in Butlers Stimme. Hält er ihn für einen Simulanten? Sein Zustand muss geheimnisvoll auf andere wirken. »Ich habe in letzter Zeit zu viel gearbeitet. Ein Schwächeanfall, mehr nicht.« Er blickt zum Nachtschrank, aber allein die Vorstellung, jetzt zu lesen, ermattet ihn. »Danke, das ist nett von Ihnen.«

Er sinkt aufs Kissen zurück, atmet schwer. »Wie lange liege ich schon hier?«

»Drei Tage.«

»Was?« Hektisch rollt er sich auf die Seite, um aus dem Bett zu steigen. Er stemmt sich hoch, aber sein Arm knickt unter ihm weg.

»Es gibt keinen Grund zur Eile«, sagt Mr. Butler. »Sie können bei uns wohnen, solange Sie wollen. Meine Frau kümmert sich gern um Sie.«

Er lässt sich aufs Kissen zurücksinken und schließt die Augen, wartet, bis die Butlers gegangen sind. Dann greift er nach den Zeitungen, liest ein paar Sätze im *Sangamo Journal*, bevor sein Kopf zu brummen beginnt. Er wartet ein paar Minuten, dann nimmt er die *New York Tribune*, dann ein Magazin namens *Æsthetic Papers*, das von Nathaniel Hawthorne herausgegeben wird. Im Impressum wird Ralph Waldo Emerson für die großzügige Unterstützung gedankt.

Mr. Emerson steckt dahinter? Er grollt ihm noch, weil er seinen Brief nie beantwortet hat. Er überfliegt das Inhaltsverzeichnis und bleibt bei dem sonderbaren Namen Thoreau hängen. Der Autor hat sich mit der Steuerbehörde angelegt, und kurz denkt er, dass sich der Artikel auf das Infrastrukturgesetz bezieht, bis er liest, dass dieser Thoreau in Massachusetts lebt.

Er liest einen Abschnitt und wundert sich. Ein aufmüpfiges Leben im beschaulichen Massachusetts? Warum lehnt dieser Thoreau den Staat ab? Von welchem Geld sollen die Straßen denn sonst instandgehalten werden? Lincoln wirft die Zeitschrift verärgert neben das Bett und staunt über die Kraft, mit der er das tut. Immerhin, dieser Aufsatz schafft es, ihn zu stimulieren.

Er schließt seine Augen und hat das Gefühl, dass sein Gesicht geschwollen ist. Durch die halb geöffneten Lider sieht er, wie Mrs. Butler die Zeitschrift aufhebt, seinen Nachttopf leert und den Teller mit der inzwischen kalten Suppe nimmt.

SHADRACH

An einem Sonntagvormittag bringt Miss Alcott einen jungen Mann namens Shadrach mit, der von einer Baumwollplantage in Alabama geflohen ist. Er soll vier Tage bleiben, dann mit dem Zug ins sichere Kanada weiterreisen.

Thoreau fühlt sich überrumpelt. Er wollte gerade ein Bienenvolk fangen und dessen Domestizierung versuchen, das muss er nun verschieben. Nachdem Miss Alcott gegangen ist, stehen die beiden Männer schweigend vor der Hütte. Thoreau denkt an den leeren Bienenstock, den er aus Weiden geflochten hat. Ob sich Shadrach dafür interessiert? Er will ein umgänglicher Gastgeber sein, aber das Jahr hier draußen hat ihn maulfaul gemacht. Er winkt den Jungen zu sich, zeigt ihm den Bienenstock, außerdem das kleine Gemüsefeld und die Quelle am Berghang. Shadrach nickt ernst. Seine Unterarme sind frisch vernarbt und er wirkt wie zum Sprung bereit.

»Schön, dass du mein Gast bist«, sagt Thoreau und holt etwas Brot, um es mit dem Jungen zu teilen. Ob die Narben von Peitschenhieben stammen? Voll Mitleid berührt er den Jungen an der Schulter, aber der zuckt zurück und geht zum See hinunter.

Hier draußen hat er den ganzen Wald zu seiner Privatsphäre gemacht. Er muss erst wieder lernen, einen mittleren Abstand einzuhalten, denkt er, während er sich um die Bohnen auf dem Feld kümmert. Deren Blätter sind von roten Käfern übersät, die in Knäueln aneinander kleben und auch schon Eier gelegt haben. Sind sie schädlich?

Er ruft Shadrach, zeigt ihm die roten Käfer und fragt ihn, was er davon hält. Der Junge hockt sich neben die Pflanzen, er ist überrascht, wie sandig der Boden hier ist und dass überhaupt etwas Nennenswertes darin wächst. Die roten Käfer kennt er aus Alabama, man kann sie einsammeln und zerstampfen, das ergibt einen guten Dünger.

In den nächsten Stunden zupfen sie unzählige Käfer von den Blättern, sammeln sie in einem Glas und zerstoßen sie zu einem hellroten Schleim, den sie wieder auf die Stängel schmieren. Die Käfer schrecken vor dem Schleim zurück, vielleicht weil sie ihre toten Artgenossen riechen.

»Die Menschheit stammt aus einem Garten«, sagt Thoreau in einer Pause. »Der Garten selbst enthält alle Heilmittel und alle Gifte. Wenn du erst in Kanada bist, kannst du dir auch einen Garten anlegen.«

Shadrach schüttelt den Kopf. »Glaub' ich nicht. Hab' zu lang auf einem Feld geschuftet.«

Am Abend sind sie hundemüde. Gewohnt, allein in der Hütte zu schlafen, wundert es Thoreau nicht, dass er lange wach liegt. Nachts hat er sich hier draußen manchmal wie der letzte Mensch auf der Welt gefühlt, jetzt denkt er an eine hoffnungslos übervölkerte Erde. Dabei gibt Shadrach, der auf einem Kissenlager neben dem Kamin schläft, nicht das geringste Geräusch von sich. Hält der Junge aus Angst, ihn zu stören, die Luft an? Ob er Geschwister oder schon eine Geliebte hat? Das will Thoreau ihn morgen fragen. Was hält der Junge von den Leuten hier im Norden?

Als sie am nächsten Morgen aus der Hütte treten, sind die Ranken stark gewachsen und die Bohnenfrüchte so lang wie Spargel. Thoreau und der Junge können es kaum glauben, sie sind aufgedreht und lachen, während sie die Bohnen ernten.

Weil es viel zu viele sind und Shadrach in Kanada Geld brauchen wird, will Thoreau sie am Nachmittag auf dem Markt in Concord verkaufen. Er trägt die Riesenbohnen in einem Korb in die Stadt und ist sogar ein wenig neugierig darauf, was die Leute sagen werden. Aber als sie sich dann um ihn drängeln und feilschen, will er bloß fort. Ihre Gesichter kommen ihm seltsam verzerrt vor, wie Karikaturen. Sie sehen ihn gar nicht an, sie grabschen nach den Bohnen und werfen ihm das Geld vor die Füße.

Die Menschheit kommt aus einem Garten, aber irgendwann hat ein Markt den Garten verdrängt. Da wurden die Menschen gierig und entdeckten die Kraft ihrer Ellbogen. Er denkt an Shadrach, an das Geld, das der Junge in Kanada braucht, und ist froh, als endlich alle Bohnen verkauft sind.

Auf dem Rückweg sieht er, dass das Ortsschild um ein paar Schritte in den Wald hinein versetzt wurde. Concord wächst in alle Richtungen, wie ein Erdhörnchenlabyrinth. Thoreau geht weiter und findet bald einen Sack Müll unter Farnen. Städtischer Müll, wie er in vielen Haushalten anfällt. Der Müll ist die Vorhut der Expansion. Um den Müll zu entsorgen, wird ein Pfad getreten, und der Pfad teilt das Land in Grundstücke. Auf den Grundstücken entstehen bald Häuser und ein Markt, wo die Menschen zukünftigen Müll kaufen können.

Verärgert bringt er den Müllsack zu Sam Staples auf die Polizeiwache und fordert eine Untersuchung. Der Konstabler lächelt und sagt, dass er sich darum kümmert, aber Thoreau glaubt ihm kein Wort.

Erst auf halbem Weg zum See fällt ihm auf, dass Sam Staples allein im Office war, und ihm kommt der Verdacht, dass die anderen Polizisten seine Abwesenheit ausnutzen könnten. Die Vorstellung, dass Shadrach in Gefahr ist, lässt ihn schneller gehen. Haben die Marktleute ihn verraten? Sind sie misstrauisch geworden wegen der Riesenbohnen? Wurde der Müllsack als Falle gelegt, um den Polizisten mehr Zeit zu geben, zum See hinauszuziehen und Shadrach zu holen?

Er ärgert sich über sich selbst. Er ist so unbrauchbar! Er war nicht vorsichtig genug, er hat versagt, hat den Jungen nicht beschützt. Die letzte Meile rennt er bis zum See. Als er die Hütte am frühen Abend erreicht, kreisen Habichte über der Lichtung.

Shadrach sitzt mit einer Angel am Ufer, kümmert sich um das Abendbrot. Der Junge wirkt entspannter als gestern, nicht mehr so misstrauisch. Thoreau ist erleichtert und will ihn am liebsten umarmen, aber das verkneift er sich. Er denkt an die Narben auf Shadrachs Unterarmen und setzt sich zu ihm ans Ufer, stellt ihm die Fragen, die er sich in der Nacht überlegt hat.

Am nächsten Tag machen sie sich daran, den Waldensee zu vermessen, über dessen angeblich bodenlose Tiefe sich in Concord viele Mythen ranken. Thoreau hat Fäden und Stricke gesammelt, die er und der Junge nun miteinander verknoten. Um ein Lot zu erhalten, befestigen sie an einem Ende des Fadens ein altes Hufeisen.

Mit einem Kanu, das Thoreau aus Rinden und Weiden nach indianischer Art gebaut hat, rudert er, Shadrach vor sich am Bug, bis zur Seemitte hinaus. Die Wasseroberfläche ist überdeckt vom gelben Pollen der Pechkiefer. Das Boot liegt reglos wie in einer gelben Wüste.

Allerdings ist die Luft über dem See von tausenden Insekten erfüllt, die von den Ahornbäumen am Ufer wie Schneeflocken hertreiben, nur nicht so weiß. Die beiden Vermesser wedeln sie aus ihren Gesichtern, kurz davor, ihren Ausflug abzubrechen, als eine Windböe die Insektenwolke mit einem Wisch vom See fegt.

Plötzlich ist die Luft klar. Thoreau blickt überrascht in die Richtung, aus der die Böe kam, eine einzelne Indianerin steht dort am Ufer, begleitet von ihrem Hund. Ab und zu trifft er die Ureinwohner noch, in einsamen Häusern wohnend, von Schulkindern beschimpft. Sie schlagen sich mit Töpfern, Wahrsagen oder Beerenpflücken durch, manchmal kommen sie ihm auf Landstraßen entgegen, misstrauisch und mit Schwermut im Gesicht. »Der weiße Mann ist ein eingeschlepptes Unkraut«, flüstert Thoreau, aber Shadrach schweigt. Etwas an dem, was Thoreau gerade gesagt hat, gefällt ihm nicht. Als sie wieder zum Ufer hinblicken, ist die Indianerin verschwunden.

Während das Hufeisen-Lot tiefer und tiefer im See versinkt, erzählt Thoreau von den Farmern, die ganz besessen davon sind, den Wert ihres Landes zu steigern, indem sie etwas darauf bauen. »Irgendwann wird man nicht mehr so einfach in den Wald hinausziehen können, wie ich es getan habe.«

Shadrach dreht sich zu ihm. »Wenn man nicht auf der Flucht ist, warum möchte man dann in den Wald hinausziehen?«

Ist das nicht offensichtlich? Der Junge sollte genug schlechte Erfahrungen mit den Menschen gemacht haben, um das zu wissen. »Weil der Mensch brutal ist«, sagt Thoreau. »Und je mehr Menschen zusammenleben, desto brutaler werden sie.« Er versucht, nicht auf die Narben des Jungen zu sehen. Was soll er ihm von der Brutalität des Menschen erzählen, was der Junge nicht schon weiß?

»In Kanada möchte ich in einer großen Stadt leben, ich möchte einen Stadtanzug tragen und einen Zylinder, und ich möchte mein Essen im Laden kaufen, wie ein richtiger Stadtmensch.«

Thoreau nickt, starrt aufs Wasser. Manchmal kommt er sich wie ein gerissener Yankee vor, anpassungsfähig und um keine Erklärung verlegen. Aber jetzt fällt ihm nichts ein.

Der See ist zu tief für ihren dreißig Fuß langen Faden, ein Sieg für die Stadtbewohner und ihre bodenlosen Mythen. Sie brechen die Messung ab, legen sich längs ins Boot und lassen sich treiben, mit geschlossenen Augen wie Tote auf der Überfahrt ins Totenland, während ein Uhu am Ufer ruft. Bei den Algonkin ist der Uhu ein verstorbener Vorfahre, der den Menschen vom Jenseits berichtet. Vielleicht ist es John, der dort auf einem Baum hockt und sein Gefieder plustert. Was will er ihm sagen?

Der Junge lässt seine Hand über den Bootsrand hängen, sammelt Pollenschlamm und quetscht ihn aus.

»Seen sind die Augen der Erde«, sagt Thoreau.

»Du bist ein Dichter.« Shadrach lächelt, dann horcht er auf. Das ferne Rattern der Eisenbahn erinnert ihn an seine eigene Abreise in zwei Tagen.

Thoreau richtet sich auf, wartet missmutig, bis der Eisenbahnlärm verstummt ist. Irische Taglöhner, mit dem Ausbau der Bahngleise beauftragt, haben in letzter Zeit ihre Hütten im Wald aufgestellt. Abends kann man sie betrunken ihre Lieder singen hören. Auch Waldo hat von England aus angeblich Land an die Eisenbahngesellschaft verkauft.

»Eigentlich wollte ich hier draußen in einer anderen Zeit leben«, sagt er. »Aber die Bahn kommt mit solcher Regelmäßigkeit, dass ich auf diese Weise doch wieder eine Uhr besitze.«

Shadrach zuckt mit den Schultern. »Hab' nie eine Uhr gehabt.«

»Meine habe ich gegen ein paar Bretter getauscht.«

Shadrach gibt ein empörtes Schnaufen von sich, dann zeigt er zur Hütte. »Wer ist das?«

Thoreau blickt zum Ufer und erschrickt. Seine Mutter steht dort und sieht sich bei der Hütte um. Was macht sie hier? Noch hat sie das Boot nicht entdeckt; zischend gibt er Shadrach ein Zeichen, sich flach hinzulegen, dann ruft er sie.

Sie kommt ans Ufer und wedelt mit einem Blatt Papier in der Hand. Eine dringende Nachricht? Da er, mit dem entflohenen Sklaven im Boot, nicht einfach zu ihr rudern kann, bleibt ihm nichts anderes übrig als zu schwimmen. »Warte hier«, flüstert er zu Shadrach und zieht sich sein Hemd aus. Er bindet es sich als Turban um den Kopf und klettert über den Bootsrand.

»Was ist mit dem Boot?« fragt seine Mutter fassungslos, als er aus dem Wasser steigt.

»Wenn ich ein neues Kanu brauche, baue ich mir einfach eins. Du weißt, ich hänge nicht an den Dingen.«

Seine Mutter schüttelt den Kopf, sie versteht ihren Sohn einfach nicht mehr. Sie überreicht ihm ein Telegramm von Waldo, der ihn bittet, sich um seine Frau und seine Kinder zu kümmern. Lidian fühle sich einsam und sei mit dem Haus überfordert. Bis zu seiner Rückkehr aus Europa könne Thoreau bei ihr in Concord wohnen.

Als ob sein Leben im Wald nur ein Urlaub ist! Er lässt das Telegramm sinken, am liebsten würde er es zerreißen.

»Wirst du dieses Abenteuer jetzt endlich beenden?« fragt seine Mutter.

»Natürlich nicht.«

ZUSTÄNDE

Seit drei Tagen verlässt Lincoln sein Bett nicht mehr. Er findet, der Bettkasten bietet einen sicheren Rahmen für seine Traurigkeit, für seinen abgemagerten Körper. Er ist wie ein alter Mann, der nichts mehr vom Leben erwartet.

Mr. Butler verbirgt seine wachsende Ungeduld nicht mehr, und auch Mrs. Butler ist unzufrieden über seinen ausbleibenden Appetit. »Sie müssen essen«, sagt sie, »warum essen Sie nicht?«

Seine Antwort fällt lallend aus. Er will sie fortschicken, wedelt mit der Hand und dreht sich grunzend mit dem Gesicht zur Wand. Da spürt er, wie er angehoben wird.

»Ich habe einen Arzt geholt«, sagt Mr. Butler, der ihn an seinen Füßen packt. Ein Arzt? Lincoln lässt seinen Kopf in den Nacken fallen und sieht, wer ihn auf der anderen Seite hält. Ein langes Kinn mit fusseligen Haaren, verkehrtherum, sodass das Kinn auch eine breite Nase sein könnte. Fast muss er lachen.

»Ich bin Dr. Henry und ich werde den Schwarzen Hund aus ihrem Körper vertreiben. Aber dafür müssen Sie kooperieren.«

»Schwarzer Hund?« Er strampelt, mehr aus Reflex denn aus Überzeugung. Dann stimmt er lallend zu, übergibt sich den Mächten der Vernunft, denen er schon immer mehr traute als sich selbst, und die ihn nun in einen leeren Holzbottich setzen. Will man ihn baden? Stinkt er inzwischen so sehr?

Er sackt in sich zusammen und wird erst wieder wach, als der Arzt ihn ohrfeigt. Diese resolute Vorgehensweise gefällt ihm, er denkt an die Mächte der Unvernunft, und plötzlich geht ihm der Name Thoreau nicht mehr aus dem Kopf. Er braucht kein Verständnis, sondern einen ebenbürtigen Gegner.

»Beginnen wir mit dem Aderlass«, sagt Dr. Henry und öffnet ein Lederetui mit schmalen Messerchen. Lincoln starrt auf die Klingen und wehrt sich trotzdem nicht. Alles ist besser als dieser dunkle Urzustand, in dem er versackt ist. Die Messer verdoppeln und verdreifachen sich in seinen Augen, alles verschwimmt, ein Heer aus kleinen Lanzen, die gegen den Schwarzen Hund in die Schlacht ziehen. Lincoln lallt Bewunderung für die Wissenschaft und den Fortschritt.

Mrs. Butler hilft ihm, sein Hemd auszuziehen. Kurz ist es ihm unangenehm, dass sie seinen knöchrigen Oberkörper sieht, aber das sind lächerliche Sorgen. Dr. Henry wählt fachmännisch ein Messer aus und fährt mit der Klinge über Lincolns gestreckte Armbeuge, während Mr. Butler einen Eimer darunter stellt, um das Blut aufzufangen. So ein großer Eimer? Wie viel Blut soll denn fließen im Kampf Gut gegen Böse? Lincoln äußert lallend Besorgnis, er lallt »So so, Thoreau!«

Der Arzt blickt zu Mr. Butler. »Was hat er gesagt?« Aber Mr. Butler gibt ein Zeichen, den Patienten nicht allzu ernst zu nehmen.

Als es sticht, beißt Lincoln die Zähne zusammen. Es ist ein brennender Schmerz, der wächst und wächst wie ein hochschnellendes Fieberthermometer, dann aber auf hohem Level verharrt. Für die Butlers ist es ein kleines Spektakel, ein Hexensabbat, bei dem sie mit flinken Bewegungen und aufgerissenen Augen assistieren. Bestimmt werden sie in der Stadt herumerzählen, wie das Blut im Bottich plätscherte, wie er immer wieder die Nägel im Bottich zählte, um sich abzulenken.

»So nehmen wir den Druck aus den Adern und bewirken eine Entlastung«, sagt der Doktor. »Sie sind umwickelt von vielen Schichten aus Zweifeln und Erziehung, aus Regeln und Gewissen.«

»Sind Regeln nicht gut?« lallt er verwirrt.

»Sie haben es übertrieben. Sie sind sich selbst zum Gegner geworden. Aber bald wird Ihre Krankheit abklingen, wir werden heute die komplette Behandlung durchführen.«

»Komplette Behandlung?« schreit Lincoln, aber seine Worte kommen nur als ein Flüstern aus seinem Mund, er kann sich selbst kaum hören.

»Als nächstes kommen die Wechselbäder«, sagt der Doktor.

Die Butlers schleppen eimerweise heißes Wasser heran und kippen es in den Bottich, als ob sie ihn kochen und dann verspeisen wollen. Dampf hüllt ihn ein. Obwohl seine Armbeuge abgebunden ist, dringt Blut ins Wasser und verdünnt sich, zusammen mit dem Schweiß, der von seiner Stirn tropft. Sein Körper heizt sich so sehr auf, dass es ihn aus der Wanne drängt, aber Dr. Henry bemerkt es rechtzeitig und drückt ihn mit einer Hand nach unten. Offenbar besitzt Lincoln nur noch die Kraft einer Fliege.

Dann wird eiskaltes Wasser über ihm ausgekippt. Er schreit auf, er weiß nicht mehr, was er will, alles gerät in ihm durcheinander, und seltsamerweise mischt sich in sein Schreien ein euphorisches Kichern. Er klammert sich mit beiden Händen an den Bottichrand. Seine Knie zittern, er schreit und lacht, während der Doktor ihm mit einer Weidenrute auf den Rücken schlägt.

»Lassen Sie ihn raus!« ruft der Doktor, und beide Butlers stimmen mit ein.

»Wen?« lallt Lincoln.

»Den Schwarzen Hund! Sie haben sich an ihn gewöhnt, aber Sie müssen ihn loslassen!« Zu dritt stehen sie um ihn herum und skandieren, und dieser kleine, engagierte Chor rührt ihn so sehr, dass er weinen muss. Zum Blut und zum Schweiß mischen sich Tränen. Mrs. Butler streichelt seine Hand und liest etwas aus der Bibel vor.

Er hört ihr »Amen«, dann greifen sie ihm unter die Achseln, stellen ihn auf seine Beine. Eine Decke wird über ihn geworfen und er humpelt zum Bett, ist erleichtert, bedankt sich wie nach einer gelungenen Theateraufführung, kommt sich lächerlich vor, hat vergessen, wogegen er eben noch kämpfte.

»Wir sind noch nicht fertig«, sagt Dr. Henry. »Als letztes kommt das Quecksilber.«

»Was?« Er sinkt auf die Bettkante. Er kann nicht mehr.

»Das leichtlebige, wandelbare Element, das schnelle Verbindungen eingeht.«

»Unvernünftig«, lallt Lincoln, bevor ihm ein Löffel in den Mund geschoben wird. Er schluckt das kalte, flüssige Metall und muss sich sofort übergeben.

»So locken wir die Krankheit vom Gehirn zum Mund«, frohlockt Dr. Henry und macht sich Notizen. Lincoln, nach vorn gebeugt, schielt in seine Richtung. Ist das die moderne Wissenschaft? Er beobachtet die schreibende Hand des Arztes, bevor wieder ein Schwall aus ihm kommt und in den Bottich klatscht. Blut, Schweiß, Tränen, Kotze. Er muss einen originellen Fall abgeben, wenn sogar der Doktor etwas daraus lernen kann.

Die Prozedur des Metallschluckens und Erbrechens wiederholt sich viermal, bis Lincoln sich leer wie ein atmender Schlauch fühlt, wie in Baum, von dem nur noch die Rinde dasteht. Er lässt sich seitlich aufs Bett fallen, wird zugedeckt.

Die Übelkeit verschwindet allmählich, sein Herz pumpt wie wild, setzt die Heilung in Gang. An seiner Unterlippe hängt ein letzter Tropfen Magensäure. Ist das sein Naturzustand? Und dieser Thoreau findet das gut? Er hört die Stimmen der anderen im Zimmer, aber er reagiert auf nichts mehr. Dieser kleine Muskel in seiner Brust rackert sich ab, will unbedingt am Leben bleiben. Das gibt ihm Hoffnung.

Mit dem Kopfkissen hinter dem Rücken liest er noch einmal den Aufsatz über den zivilen Ungehorsam. Lincoln kratzt sich am Kopf, der sich immer noch ungewohnt anfühlt, seitdem Mrs. Butler ihm die Haare geschnitten hat. Dieser Thoreau kommt ihm wie ein Wurm vor, der in einem Apfel geboren wurde und sich allmählich nach draußen gefressen hat. Und nun, da er fett ist, schimpft er auf den Apfel, der ihn so lange genährt hat. In einer Kurzbiografie im Schlussteil der Zeitschrift steht, dass Thoreau in Harvard studiert hat. In Harvard!

»Undankbar«, murmelt er und legt die Zeitschrift beiseite, greift nach Emersons *Natur*. Er hat schon so oft darin geblättert, dass das Papier speckig und voller Eselsohren ist. Die Stellen, die ihm einmal besonders gefallen haben, sind unterstrichen, zum Beispiel diese hier: *Unkräuter sind Pflanzen, hinter deren Vorzüge wir noch nicht gekommen sind.*

Das gefällt ihm. Zurzeit empfindet er sich sehr als Unkraut. Seit einer Woche war er nicht mehr an der frischen Luft, er riecht auch unter den Achselhöhlen sehr nach Natur. Aber er will sich nutzbar machen, eine Nutzpflanze sein.

Er schlägt eine andere Stelle bei Emerson auf: *Ahme den Gang der Natur nach! Ihr Geheimnis ist Geduld.* Er seufzt und weiß nicht, ob er das tröstlich finden soll. Geduld hat er genug bewiesen, jetzt ist es Zeit für mehr als nur ein vegetatives Leben. Er will reisen. Er will mit eigenen Augen sehen, wie dieser Thoreau in seiner Hütte lebt, aber vorher möchte er Joshuas Plantage einen Besuch abstatten.

Als Anwalt hat er nur wenig bewirkt. Auf seinem Nachttisch liegt eine Sammlung alter Gesetzestexte, von der Antike bis zur Gegenwart. Er liebt die Gesetze, ihren heldenhaften Versuch, die krummen Wege der Menschen zu regeln, aber als Anwalt wendet man die Gesetze bloß an. Als Politiker dagegen kann man Gesetze verändern.

Er rutscht zur Bettkante und greift nach seinem Zylinder. Er setzt ihn sich auf und stellt sich vor, auf einer Bühne zu stehen, vor Menschen zu sprechen. Er hat so einen Durst, dass er eine halbe Karaffe mit Wasser leertrinkt, dann schlüpft er in seine Hose und wechselt sein Hemd, knöpft es zu. Er ist leise, will unbemerkt von den Butlers seine ersten Schritte tun.

Da er noch wacklig ist, hält er sich an der Wand fest. Sein Schatten gleitet neben ihm her wie eine Mahnung an den Schwarzen Hund in ihm. Er kann seinen Schatten schwer atmen sehen. Das verrät die Anstrengung, die ihn jede Bewegung kostet.

Er versucht, sein früheres Ich in seinen Körper zurückzurufen, ohne die früheren Zweifel. Es hilft, an schöne Momente zu denken, Augenblicke mit Mary.

Als er die Haustür öffnet, blitzt ihm Helligkeit entgegen, so stark, dass er seine Augen zusammenkneift. Er hört Geklapper von Kutschen, Hundegebell, Kirchenglocken, Kindergeschrei. Endlich Gesellschaft!

WALDSCHULE

Einen Gefährten zu haben, macht ihn einfühlsamer, aber auch melancholisch. Der Abschied steckt in jeder menschlichen Beziehung mit drin, und ein wenig ist er froh, als Shadrachs Zeit bei ihm zu Ende geht. Er bringt ihn in die Nachbarstadt Lincoln zum Bahnhof, der Fußmarsch dorthin dauert einen halben Tag.

Sie warten beim Bahnhof, bis es dunkel ist, dann schleichen sie sich zu den mit Planen bedeckten Waggons. Er gibt Shadrach das Geld vom Bohnenverkauf und will noch ein paar Abschiedsworte sagen, aber da kommt der Bahnwärter pfeifend übers Gleis. Sie müssen sich beeilen. Er hebt eine Ecke der Plane hoch und hilft Shadrach in den Waggon. Der Junge drückt ihm zum Abschied fest die Hand und bedankt sich für alles, dann verschwindet er zwischen den Holzstämmen. Thoreau zieht die Plane wieder zu und sieht sich nach dem Wärter um, der in seinem Häuschen verschwindet. Eine Zigarette glimmt hinter der Scheibe auf. Noch ein paar Atemzüge, dann spaziert Thoreau fort, als sei nichts gewesen.

Nur ein Intermezzo, denkt er, eine kurze Unterbrechung seines Einsiedlerlebens, das durch Shadrach nicht infrage gestellt, sondern in seiner Sinnhaftigkeit bestätigt wird. Noch eine weitere Woche, und er hätte sich an den Jungen gewöhnt, der Abschiedsschmerz wäre stärker gewesen, die Selbstzweifel größer.

Wie wird es Shadrach in Kanada ergehen? Ob er sich von dem Geld eine Taschenuhr kauft? Der Junge muss keine

Angst haben, denn was immer einem Menschen zustößt, ist auf wunderbare Weise banal und unwesentlich, weil es nie sein innerstes Wesen erreichen wird. Jedenfalls geht es ihm so, und das findet er tröstlich.

Auf dem Rückweg übernachtet er auf einem Bett aus Moos und übt sich in der Bestimmung der Sternbilder. Spinnweben verkleben ihm das Gesicht, und am nächsten Morgen ist seine Kleidung mit Schnecken besiedelt. Seine Körperwärme hat sie angezogen, jetzt zupft er jede einzelne wieder ab.

Als er am Vormittag bei seiner Hütte ankommt, warten dort zwei weitere geflohene Sklaven auf ihre Weiterreise nach Kanada. Sie heißen Grace und Anthony, ein Liebespaar, wie er sofort erkennt.

Sie haben sich schon eingerichtet und essen von seinen Vorräten. Sie beachten ihn kaum, als er eintritt. Eine Woche sollen sie bei ihm bleiben, hat Miss Alcott gesagt. Er lässt sich nichts anmerken, aber das bringt seine Pläne durcheinander.

Er badet nackt im See, wäscht seine vom Wandern verschwitzte Kleidung darin, und plötzlich liegen weitere Kleidungsstücke daneben, die er mitwaschen soll. Offenbar halten Grace und Anthony ihn für eine Art Angestellten der Underground Railroad, einen Verwalter der Hütte.

Er wäscht ihre Kleidung und hängt sie zwischen den Bäumen auf. Dann setzt er sich in seiner Hütte an den Tisch und nimmt sich seinen Homer vor. Seit Tagen hat er nicht gelesen, aber auch jetzt kommt er nicht dazu. Es ist zu unruhig um ihn herum, Grace hat anscheinend noch nie auf einem richtigen Bett gelegen und wirft ihren Körper begeistert auf der Matratze hin und her. Er blickt zu ihr, möchte aber auch nicht zu streng sein. Er nimmt sich leichtere Lektüre vor, eine aktuelle Ausgabe der *New York Tribune*, die Miss Alcott ihm hiergelassen hat. Aber nachdem er einen Satz mehrmals begonnen und abgebrochen hat, gibt er endgültig auf. Da er auch zum Schreiben keine Ruhe finden wird, verschiebt er seine Arbeit am Walden-Manuskript. Stattdessen möchte er versuchen, Anthony und Grace ein wenig auf ihr Leben in Freiheit vorzubereiten. Ob sie lesen und rechnen können?

»Ich war Lehrer«, sagt er, »in einem anderen Leben.«

Die beiden sind überrascht und einverstanden. Gemeinsam nehmen sie den Konfuzius durch, ein einfacher Text, den Thoreau früher oft im Unterricht verwendet hat. Sobald man die Buchstaben gelernt hat, findet er, sollte man nur noch die Meisterwerke der Literatur lesen. Nichts formt das Gehirn nachhaltiger. Am nächsten Tag geht es mit Mathematik und Biologie weiter.

Anthony und Grace sind ganz anders als Shadrach, sie lachen viel und wirken sorglos, aber auch ein wenig oberflächlich. Ob sie viel Leid mitgemacht haben? Er weiß nicht genau, ob sie seinen Unterricht ernst nehmen. Er zeigt ihnen die Plätze im Wald, wo man hier im Norden die besten Heidelbeeren findet, er lässt eine Riesenspinne auf seinem Handrücken laufen und erklärt die notwendigen Proportionen der langen Beine. So verbindet er Biologie mit der Physik.

Aber oft möchte das Liebespaar einfach in Ruhe gelassen werden. Sie tuscheln und kitzeln sich, und verschwinden für Stunden im Wald. Danach kehren sie zerzaust zurück. Er blickt dann betreten auf den See hinaus, weiß nicht, wie er sich verhalten soll. Er sieht sein Spiegelbild im Wasser, ein nicht mehr junges Gesicht. Grace und Anthony sind auch keine Kinder mehr, aber als Lehrer will er ihnen vermitteln, dass die Sehnsüchte des Körpers oft auch Ketten sind. Würden sie ihn verstehen? Der Geist, mit seinen unendlichen

Möglichkeiten, bedeutet wahre Freiheit. Er sieht im Wasser, wie sich seine Stirn in Falten legt. Der Geist ist alles, was er hat. Er war schon immer so, auch als junger Mann. Ein geistreiches Gespräch oder ein Buch hat ihm auch früher schon mehr bedeutet als eine Berührung.

Als die junge Miss Alcott und Scudder zu Besuch kommen, beobachten sie neugierig den Unterricht und setzen sich dann bald dazu. Etwas verunsichert, verändert Thoreau seinen Ton, aber er spürt auch, wie gern er unterrichtet. Baumstämme dienen ihnen als Bänke, und der Waldboden ist die Tafel, auf die er mit einem Ast Buchstaben und Zahlen malt. Er versucht, nicht zu dozieren, sondern stellt der kleinen Klasse Fragen.

Später teilt er sie auf und übt mit Miss Alcott Altgriechisch, während die anderen Rechenaufgaben lösen.

»Damit Sie irgendwann die antiken Autoren im Original lesen können!« Immer wenn er über die Klassiker spricht, kommt er ins Schwärmen. Und hier, zwischen Vogelgezwitscher und rauschenden Baumwipfeln, wirkt altes Wissen noch erhabener. »Die gesamte überlieferte Weisheit des Menschengeschlechts wird Ihnen so zugänglich. Kenne Sie Sappho?«

»Aber natürlich!«

Er schreibt eine Gedichtzeile in den Waldboden und fordert Miss Alcott auf, sie zu übersetzen. Miss Alcott sitzt aufrecht, nickt artig und liest die Buchstaben laut vor. Mit Altgriechisch hat sie schon in der Schule zu kämpfen gehabt, damals war Thoreau noch unbeschwerter und lachte öfter. Seitdem ist sie in die Höhe geschossen, überragt ihren Lehrer nun mindestens um einen Kopf. Ihr braunes Haar trägt sie zu einem Dutt getürmt, der allerdings schon ein wenig durcheinander ist. Heute hat Sie Goethes *Briefwechsel mit einem*

Kinde in den Wald hinausgebracht und fragt ihn nun ganz offen, warum junge Frauen sich von älteren Genies so angezogen fühlen.

Er kratzt sich an seinem Bart und denkt nach. »Weil Liebe und Geist untrennbar sind. Außerdem gibt es keine Genies, merken Sie sich das ein für allemal!« Ist Miss Alcott etwa heimlich in Waldo verliebt? »Man sollte sich vor einer allzu mächtigen Anziehungskraft hüten«, fügt er hinzu. »Sie macht blind und abhängig.«

Miss Alcott errötet. »Mein Interesse ist egoistisch, ich verspreche mir Vorteile. Was also würden Sie einer jungen Schriftstellerin raten?«

»Bleiben Sie unabhängig. Versuchen Sie, so melancholisch wie möglich zu sein und notieren Sie sich dann das Ergebnis.«

Miss Alcott lacht und ordnet ihren Dutt, damit keine Strähne mehr entwischt. »So einfach?«

Er sieht ihre Hände wie zwei kleine Vögel über ihren Kopf flattern und befürchtet, sie könne seinen Rat, unabhängig zu bleiben, allzu ernst nehmen. Sie ist noch so jung, sie sollte nicht vor den Menschen fliehen. Ob ihr klar ist, dass er als Schriftsteller gescheitert ist? Mehr als einen kurzen Aufsatz hat er nicht veröffentlicht. »Ich glaube, solche Fragen sollten Sie lieber Mr. Emerson stellen.«

»Wenn er denn einmal nach Amerika zurückkehrt.«

»Das wird er. Schon allein, weil er uns als seine Bewunderer braucht.«

Der Gedanke an schriftstellerische Konkurrenz hat ihm die Laune verdorben. Er erklärt den Griechisch-Unterricht für beendet und startet mit der ganzen Gruppe eine Exkursion. Am Ufer des Concord zeigt er ihnen, wie der Fluss begradigt wurde, damit die Textilfabriken im Norden ausreichend Strom bekommen. Die früheren Auen sind vertrocknet und das Ufer wie mit einem Lineal gezogen. Grace fängt einen Wasserläufer, und zusammen stellen sie Überlegungen zur Beschaffenheit seiner Beine an. Wie schafft es das Insekt, auf dem Wasser zu gehen? Nach der Untersuchung setzen sie es behutsam auf dem Wasser ab.

»Die ganze Welt ist wie ein großes Lebewesen«, sagt er, »zu dem sich die Einzelwesen wie Organe zu einem Körper verhalten. Deshalb sollten wir rücksichtsvoll und friedlich in unser Umwelt leben.«

Er hört Anthony neben sich schnaufen. Der Junge ist offenbar anderer Meinung, aber als er ihn nach dem Grund fragt, schüttelt er nur den Kopf. Hält Anthony ihn für weltfremd? Ist es das Friedliche, an das er nicht glaubt? Er hat schon gesehen, dass auch Anthony Narben auf den Unterarmen hat.

Sie gehen weiter, kehren in den Wald zurück. Als Thoreau auf ein tauglitzerndes Spinnennetz deutet, behauptet Grace, dass es wie ein Taschentuch aussieht, das eine Fee verloren hat.

»In dir steckt eine Poetin!« ruft Miss Alcott entzückt und sammelt einen Strauß Wildblumen, während ihr Lehrer übers Gehen spricht, das eher ein Herumschweifen sein sollte. »Wenn Sie das Abenteuer suchen, dann immer Richtung Westen! Wenn Sie sich selbst erkunden wollen, dann gehen Sie lieber in Richtung Osten.«

»Wirklich?« fragt Scudder.

»Allgemein gesprochen.«

Anthony muss lachen, und bald auch Grace und Miss Alcott.

Als sie zur Hütte zurückkehren, steht Sam Staples mit einem Hilfssheriff auf der Lichtung. Mit ihren Uniformen wirken sie fehl am Platz wie Automaten auf einer Frühlingswiese. »Wie man hört, beherbergen Sie hier Kriminelle«, ruft der Konstabler.

Er hebt die Hand, gibt den anderen ein Zeichen, stehenzubleiben. Grace und Anthony sind dicht hinter ihm. Miss Alcott und Scudder kommen erst jetzt aus dem Wald und begreifen die Situation sofort.

»Jeder Kriminelle hat mehr Rechte als die, die Sie suchen!« sagt er und ärgert sich über ihre Unvorsichtigkeit. Ob jemand sie im Wald gesehen und verraten hat? Sie sind herumspaziert, als ob es keine Gefahr gäbe.

»Haben Sie kein Gewissen?«, ruft Miss Alcott dem Konstabler zu. Thoreau sieht jetzt, dass sie einen faustgroßen Stein in ihrer Hand hält, und er hofft inständig, dass sie nicht vorhat, damit zu werfen.

Um sich zwischen Miss Alcott und die Polizisten zu stellen, geht er auf Sam Staples zu. »Lassen Sie uns vernünftig reden«, sagt er, aber da hält der Hilfssheriff schon eine Pistole auf ihn gerichtet.

»Ist das ihr ernst?«

»Wenn Sie ruhig bleiben, wird nichts Schlimmes passieren.«

Sam Staples kommt mit entschlossenen Schritten auf sie zu, packt Grace am Arm und zieht sie auf die Lichtung. Anthony eilt Grace zu Hilfe und umgreift den Konstabler mit beiden Armen. Ein Schuss fällt, und aus dem Pistolenlauf des Hilfssheriffs steigt Rauch, aber anscheinend wurde niemand getroffen.

»Gentleman, ich dulde keine Gewalt«, ruft Thoreau und hebt beschwichtigend beide Hände, während Sam Staples,

Anthony und Grace miteinander ringen, sich zu einem Knäuel verknoten.

Der Hilfssheriff schießt noch einmal in die Luft, und Thoreau fürchtet, dass auch Sam Staples seine Waffe zieht.

»Ein Mensch ist kein Gegenstand«, ruft Miss Alcott und hebt drohend den Stein.

»Nicht«, flüstert er ihr zu. Miss Alcotts Gesicht leuchtet wie ein Signalfeuer, ihr Dutt ist nun völlig zerzaust. Aber sie hört auf ihren Lehrer und lässt den Stein fallen, während der Hilfssheriff Anthony mit dem Pistolenknauf auf den Kopf schlägt. Der Junge landet auf dem Bauch, ist kurz benommen und wehrt sich nicht, als ihm Handschellen anlegt werden.

Sam Staples ordnet sich schnaufend die Uniform, ihm ist es sichtbar peinlich, dass sein Untergebener ihn retten musste. Er ruft Anweisungen, die längst nicht mehr nötig sind, und er legt auch Grace Handschellen an. Die beiden ergeben sich ihrem Schicksal und blicken nicht einmal in Thoreaus Richtung, während sie abgeführt werden, so als wüssten sie, dass von ihm keine Hilfe zu erwarten ist.

Miss Alcott schließt sich dem Tross in Richtung Stadt an, aber vorher wirft sie ihm einen bösen Blick zu. Er weiß, was sie denkt. Dass er sie davon abgehalten hat, den Stein zu werfen, dass er nur dagestanden und nichts getan hat, dass die gesamte überlieferte Weisheit des Menschengeschlechts nichts hilft, angesichts der Ungerechtigkeit der Gegenwart.

Er bleibt allein auf der Lichtung zurück. Er hat keine Lust, in die Hütte zu gehen oder irgendetwas anderes zu tun. Seine Zeit hier draußen ist beendet, das weiß er jetzt. Er wird nach Concord zurückkehren.

AUF DER SUCHE

In der letzten Juliwoche fährt er nach Kentucky, um Joshua auf seiner Plantage zu besuchen. Vier Pferde sind vor die Kutsche gespannt, und mit jeder Meile, die sie weiter nach Süden kommen, wird die Luft wärmer und feuchter. Obwohl Lincoln eingeklemmt zwischen einer Bardame aus New Orleans und einem Blitzableiterverkäufer aus Montgomery sitzt, fühlt er sich erleichtert. Er musste raus aus Springfield, raus aus dem Käfig aus immer gleichen Gedanken.

Jetzt fühlt er, wie sein Gehirn durchlüftet wird. Wie groß dieses Land ist! Wie weit und unverbraucht. Ein weißes Blatt Papier, ein unbestelltes Feld, von Gott begünstigt. Aber die Natur ist dumm, und es kommt auf den Menschen an, das zu ändern. Er stellt sich vor, wie es wäre, mit Mary zu reisen. Ihr aufmerksamer Blick würde ihm mehr erschließen, als er allein sehen kann.

Statt durch Präriegras fahren sie bald durch Gegenden mit einzelnen, hohen Bäumen, zwischen denen Hibiskus wächst, dann durch endlose Baumwoll- und Zuckerrohrfelder. Das Klima wird feuchter und wärmer, die Reisenden trinken viel und müssen oft anhalten. In den Pausen schlagen sich die Damen ins Gebüsch, während die Männer ihre Blasen ungeniert am Wegrand entleeren. Dann geht es weiter, noch fünf Stunden bis Louisville.

Nachdem der Blitzableiterverkäufer ausgestiegen ist, rutscht Lincoln zum Fenster. Die Kleidung klebt ihm am Körper und das Holpern der Räder lullt ihn ein. Er erinnert sich an den Feldzug gegen die Sauk-Indianer, an dem er teilgenommen hat. Das war hier in dieser Gegend. Er wurde in keine Kämpfe verwickelt und das einzige Blut, das er damals vergoss, war das der Moskitos, die er auf seinen Unterarmen erschlug. Trotzdem wählten ihn seine Kameraden zum Captain. Offenbar vertrauten sie ihm.

Als sie durch eine Zuckerrohrpflanzung fahren, ruft der Kutscher, dass sie die Plantage der Speeds bald erreichen, aber es dauert noch gut eine halbe Stunde, bis er mit seinem Koffer vor dem Gutshaus aus rotem Backstein steht. Ein Hahn sitzt auf der Veranda und beäugt erst Lincoln mit schrägem Kopf, dann Joshua, der aus Richtung des Zuckerrohrfelds kommt.

»Viel ist noch zu tun«, sagt Joshua und zeigt auf schiefe, löchrige Zäune. Er trägt einen breitkrempigen Farmerhut, den er zur Begrüßung abnimmt. »Komm mit, ich stell' dir meine Mutter vor.«

Die Plantage ist zwanzig Hektar groß und in einem bedauerlichen Zustand, offenbar fehlt das Geld. Hundert Meter vom Gutshaus entfernt stehen die Hütten für die Sklaven, daneben ein Hühnerstall und Scheunen zum Trocknen und Lagern des Zuckerrohrs.

»Wir liefern das Zuckerrohr an drei Destillerien in der Gegend.«

»Ihr könntet selbst Schnaps herstellen.«

Joshua zuckt mit den Schultern, während sie über einen Feldweg gehen. »Von mir aus gern, aber es widerspricht der religiösen Überzeugung meiner Mutter.«

Joshuas Mutter hat streng auf ihn gewirkt, die Bibel immer griffbereit. Bisher hat er nur einen Sklaven getroffen, er sollte ihm den Koffer ins Haus tragen. Lincoln hat dankend abgelehnt. Der Feldweg ist beidseitig von etwa zwei Meter hohen Zuckerrohrpflanzen gesäumt, und zwischen den Reihen sieht er nun die Sklaven bei der Arbeit.

»Wie fühlst du dich nachts?«, fragt er Joshua. »Hast du keine Angst, dass sie sich rächen?«

»Ohne Erlaubnis dürfen sie sich dem Gutshaus nicht nähern. Ich vertraue ihnen. Einige kennen mich seit meiner Geburt.«

Lincoln denkt an die Dirnen, mit denen Joshua verkehrte, an sein Lotterleben in Springfield. »Hast du jemanden hier? Eine Frau?« Er versucht, seinen Freund zu necken. »Frauen waren dir immer sehr wichtig.«

»Mein Leben hat sich verändert. Ich bin verantwortlich für diese Menschen.«

»Dann lass sie frei!«

Joshua lacht bitter. »Das würde uns ruinieren. Der ganze Süden ist wirtschaftlich davon abhängig.«

»Investiere in Technik, dann brauchst du keine Menschenkraft mehr. An der Ostküste werden ganze Fabriken von Dampfmaschinen am Laufen gehalten, und mit der Dampflokomotive können die Waren in jede Ecke des Landes gebracht werden.«

Sie verlassen den Weg, gehen ins Feld hinein, wo die Zuckerrohrblätter wie grüne Lamellen an den Stängeln hängen. Sie stapfen hintereinander durch die lose Erde, und Joshua erzählt ihm, dass er bei den Edwards zu Besuch war.

»Bei Mary?«

»Bei Tilda. Vor meiner Abreise wollte ich mich bei ihr verabschieden. Eine dumme Idee, ich weiß. Ninian Edwards hat mich empfangen. Er ist so arrogant, mich wundert es nicht, dass Mary Gegenstände nach ihm geworfen hat.«

»Das hat sie?« Er versucht, es sich vorzustellen. Gegenstände aus ihrem Zimmer? Er denkt an die Silvesternacht zurück, wie er aus dem Haus der Edwards geflohen war. »Hast du Mary gesehen? War sie wütend auf mich?«

»Sie hat mich nach dir gefragt und ich glaube, sie vermisst dich. Ich finde, ihr solltet es nochmal miteinander versuchen.«

Lincoln fühlt sich schlecht, er möchte Mary am liebsten sofort schreiben. Er setzt sich in den Schatten einer Zuckerrohrpflanze und versucht, sich zu beruhigen. Unten, dicht über der Erde, ist es kühler. »Was hat Tilda gesagt?«

Joshua winkt ab. Er prüft fachmännisch die Blätter, inspiziert ihre Unterseiten, ob sie von Schädlingen befallen sind. »Du siehst abgemagert aus.«

Lincoln erzählt ihm von seiner Behandlung durch Doktor Henry. Manchmal, wenn er an den Geschmack des Quecksilbers denkt, wird ihm immer noch übel. »Aber es geht mir gut. Ich weiß jetzt, was ich will. Ich möchte wieder in die Politik. Im Herbst sind Wahlen für das Staatsparlament von Illinois, und wenn ich dort erfolgreich bin, werde ich mich auf dem Whig-Konvent für den Bundeskongress nominieren lassen.«

»Das ist großartig, und ich wünsche dir viel Glück! Hier im Süden sind politische Veränderungen nur schwer durchzusetzen. Die Zeit vergeht langsamer, alles ist träger. Am weitesten kommt man, wenn man Änderungen mit der Bibel begründet.«

Lincoln wedelt sich einen Moskito aus dem Gesicht. Die Bibel? Vielleicht sollte er sich öfter auf die Bibel beziehen. »Kennst du Henry David Thoreau?«

Joshua schüttelt den Kopf. »Wer ist das? Ein Franzose?«

Lincoln gräbt mit der Hand ein Loch in den Boden, er weiß selbst nicht warum. »Nein.«

Da hält Joshua ihm zwei Zigarren vor die Nase und setzt sich zu ihm. »Feinster Kentucky-Tabak!«

Sie zünden sich die Zigarren an und paffen schweigend. Ein Kolibri flattert kurz zwischen ihnen, steht in der Luft wie außerhalb von Raum und Zeit. Als die Sonne untergeht, kehren sie zum Gutshaus zurück.

Am nächsten Morgen steht er früh auf, leiht sich einen Strohhut von Joshua und geht zu einer der Sklavenhütten. Er hat in der Nacht von einem abgestorbenen Wald geträumt, und von Menschen, die dort gefangen waren. Erst jetzt, als er an den Traum zurückdenkt, erkennt er in den Menschen Joshuas Sklaven. Sie hatten ihn im Traum umzingelt, waren näher und näher gekommen.

Mit einer Hand schirmt er seine Augen ab, während er durch die Scheibe späht. Die Hütte ist verlassen, natürlich sind alle schon draußen auf dem Feld. Er sieht die ärmliche Einrichtung, und ihn bedrückt die Vorstellung, dass Joshua diese Menschen besitzt, so wie man Dinge besitzt. Am Abend zuvor haben sie am Esstisch darüber geredet. Joshua sagte, dass man alle Plantagenbesitzer dazu zwingen müsste, ihre Sklaven zu entlohnen, dann würden die Zuckerrohrpreise steigen und es wäre rentabel. Aber wenn jemand hier im Süden diese abolitionistischen Ideen äußert, wird er bedroht. Lincoln hatte geantwortet, dass die Gesetze geändert und notfalls mit Gewalt durchgesetzt werden müssen.

Er entdeckt eine aus Stroh gebastelte Puppe auf dem Hüttenboden. Gibt es hier auch Kinder? Er erschrickt, als der Hahn auf der Veranda kräht. Er hat das Gefühl, vom Gutshaus aus beobachtet zu werden.

Er geht in Richtung der Plantagen und über den Feldweg, bis er fünf Sklaven bei der Arbeit sieht. Einer von ihnen ist höchstens zwölf Jahre alt. Sie schlagen die Zuckerrohrblätter mit Stöcken vom Stamm und stapeln sie auf einem Karren.

Bisher hat er sich nur oberflächlich für ihre Leben interessiert, sich noch nie mit einem Sklaven unterhalten. Er geht zu ihnen, wünscht ihnen einen guten Morgen, möchte freundlich sein. Aber er merkt, dass seine Fröhlichkeit unpassend ist, dass er sie durch seine bloße Anwesenheit verängstigt. Sie nicken vorsichtig und bleiben stumm. Denken sie, er will sie kontrollieren? Er weiß nicht, wie er ein Gespräch beginnen soll, alles würde falsch klingen.

»Lassen Sie sich durch mich nicht stören«, sagt er schließlich und geht weiter. Und selbst das muss grausam in den Ohren eines Sklaven klingen.

LIDIAN

Er verlässt den Wald aus ebenso guten Gründen, wie er in ihn hinausgegangen ist. Vielleicht auch, weil er noch verschiedene Leben zu leben hat und für dieses eine keine Zeit mehr aufwenden möchte. Er trägt seine sieben Sachen in Waldos Haus in der Lexington Street, in die Villa mit den beiden weißen Säulen vorm Eingang.

In einem Zimmer im ersten Stock richtet er sich ein. Er war schon oft in diesem Haus, und er hat nie verstanden, wie sich Waldo hier wohlfühlen kann. Ein langer Flur mit rotem Teppich und Marmorbüsten von Platon und Sokrates an den Wänden führt von seiner Zimmertür aus zu einem anderen Zimmer, in dem Lidian schläft.

Die ersten Tage sind ungewohnt, und er schläft schlecht. Die Geräusche der Stadt klingen anders als die im Wald. Nicht mehr die Tiere wecken ihn, sondern spielende Kinder und Hufgeklapper, auch die Gerüche und das gedämpfte Licht stören ihn. Die Luft im ganzen Haus ist trocken, was an den alten Polstermöbeln liegt. Aber er traut sich auch nicht aus dem Haus, aus Angst vor den Menschen und ihrem Gerede. Anthonys und Graces' Gefangennahme, und seine Rolle dabei, hat sich herumgesprochen. Aus Sicht der Abolitionisten ist er zu passiv gewesen. Miss Alcott hat sich noch nicht bei ihm gemeldet, und er befürchtet, dass sie ihn nicht mehr sehen will.

Er sitzt in seinem Zimmer und denkt an den Vorfall im Wald zurück. Er sagt sich, dass Miss Alcott mit dem Stein auch Anthony oder Grace hätte treffen können, es war ein einziges Durcheinander. Und selbst wenn sie Sam Staples getroffen hätte, wäre das besser? Er steht auf, geht ganz nah an die Tapete heran, deren Muster aus wild wuchernden Blumen besteht. Allerdings sieht jede Blüte exakt so aus wie die andere.

In der Stille des Zimmers hört er das Blut in seinen Ohren rauschen. Er schüttelt den Kopf über die Spitzengardinen, die nichts verdunkeln und bloß schön sein sollen. Wie konnte Waldo ein Buch über die Natur schreiben und gleichzeitig so wohnen? Sein Magen knurrt, bald wird es Essen geben. Hier im Haus macht er sein Essen nicht selbst, sondern verlässt sich auf das Hausmädchen. Auf ihre Frage nach seinem Lieblingsgericht hat er geantwortet: »Immer das nächste.«

Kurz nachdem der Gong erklingt, finden sich die Hausbewohner im Salon ein. Stühle werden leise übers Parkett geschoben, ein Räuspern, eine Entschuldigung. Wieder gibt es Fleisch, das er bloß essen wird, damit die Ente nicht umsonst geschlachtet wurde.

Waldos Kinder, ein Junge und ein Mädchen, behandeln ihn wie Luft, aber Lidian ist freundlich. Er kennt sie schon lange und weiß, dass sie ihn mag. Sie stammt aus Plymouth, wo Waldo sie bei einem Vortrag kennengelernt hat. Eigentlich heißt sie Lydia, aber seit ihrer Hochzeit nennt Waldo sie Lidian. Diese Angewohnheit, die Vornamen seiner Liebsten zu ändern, findet er falsch. Waldo führt sich gern wie eine Art Gott auf.

Sie sitzen wie eine kleine, falsche Familie am Esstisch und reden wenig. Lidians erster Sohn starb an Scharlach und seitdem ist sie manchmal nicht ganz anwesend. Sie trägt schwarze Kleider, und er hat noch nie ihr unter einer Haube verstecktes Haar gesehen. Auf Tischgebete wird verzichtet, aber er hat gelernt, dass die anderen erst zu essen beginnen, wenn er, der Herr des Hauses, nach seiner Gabel greift. Also tut er es zügig, um die anderen nicht warten zu lassen. Er hasst diese Konventionen, und wieder fragt er sich, warum Waldo das zulässt.

Während des Essens denkt er über Lidian nach. Ist sie zufrieden mit ihrem Leben? War ihr zu Beginn ihrer Ehe klar gewesen, wie oft Waldo verreisen würde? Es ist allgemein bekannt, dass ihr Mann Liebschaften unterhält.

Waldos zwei linke Hände haben das Haus in keinem guten Zustand zurückgelassen. Die Dachrinne ist verstopft, die Haustür klemmt. Und weil Thoreau immer etwas mit seinen Händen tun muss, erledigt er diese Dinge, reinigt außerdem die Schornsteine und schneidet die Obstbäume. Nach ein paar Tagen akzeptieren ihn die Kinder als einen neuen Mitbewohner. Sie nutzen diesen seltsamen Erwachsenen wie ein skurriles Spielzeug, aber auch als wandelndes Lexikon. Nachmittags sitzt er in Waldos Arbeitszimmer, wo er die Upanischaden liest oder am Buch über seine Zeit im Wald arbeitet. Zweihundert Seiten hat er schon geschrieben.

In den Upanischaden steht, dass der Mensch aufgrund seiner Taten in neuer Gestalt auf die Erde zurückkommt. Als was wird er wiedergeboren? Als Murmeltier vielleicht? Oder als Baum? Kann er nicht mehre Lebewesen gleichzeitig sein? Den Geist aufteilen wie ein Stück Butter? Tatsächlich kommt die Natur ihm wie ein einziger, sich immer wieder verwandelnder Geist vor, und manche Indianerstämme sehen das auch so. Er sucht die Stelle in den Upanischaden, wo es um den Kreis des Karmas geht. Das gefällt ihm. Er kopiert die

Stelle in sein Notizbuch. Erkenntnis und Askese, zwei Konstanten in seinem Leben.

Da klopft es leise an der Tür. Als er sie öffnet, steht Lidian dort mit einem Stück Seife und einem Kamm für ihn. Sie reicht ihm die Sachen wortlos, mit einem Nicken. Eine Aufforderung, mehr auf seine Hygiene zu achten? Er merkt, wie er errötet.

Außerdem bittet sie ihn, Waldos Kleidung anzuprobieren, seine eigene sei doch schon sehr löchrig. Er blickt an sich hinab. Scham ist auch etwas, das es nur außerhalb des Paradieses gibt. Er kann sich nicht erinnern, sich im Wald einmal geschämt zu haben. Vor wem auch? Vor den Ameisen? »Waldos weiße Anzüge?«

»Er hat nicht nur weiße.« Sie denkt kurz nach. »Auch ein roséfarbener ist dabei.«

Trotzdem fühlt er sich nicht wohl dabei. In Concord kursiert sowieso das Gerücht, dass er ganz und gar Waldos Schöpfung sei. Ralph Waldo Emerson, der große Geist, strahlt auf seine Umgebung ab und bringt alles zum Leuchten. Und obwohl Thoreau immer unabhängig sein wollte, hat er alles verschlungen, was Waldo zu Papier brachte, hat sein Geld genommen und wohnt nun sogar in seinem Haus, bei seiner Frau. Wen wundert da das Gerede der Leute?

Er seufzt. »Ich werde sie anprobieren. Und mich im Spiegel betrachten.«

Als er kurz darauf frisch rasiert und neu gekleidet den Salon betritt, strahlt Lidian ihn an, als wäre ihr Mann endlich heimgekehrt. Der Anzugkragen kratzt ihn am Hals, er fühlt sich wie ein Schneemann, so hell leuchtend. Oder wie ein Zirkusartist. Die Kinder sind schon mit dem Essen fertig und spielen im Garten, während er sich an den Tisch zu Lidian setzt.

»Präsident Tyler hat die Aroostook-Indianer für besiegt erklärt«, sagt er, um etwas zu sagen. »Anscheinend ist er auch noch stolz darauf.«

Als sie ihm Wein eingießen will, lehnt er ab, obwohl er gern probieren würde. Aber er will sich gar nicht erst daran gewöhnen. Außerdem ist es ihm schon immer leichter gefallen, Nein zu sagen als Ja.

Dass seine Tischmanieren Lidians Ansprüchen nicht genügen, hat sie ihm am ersten Abend schonend beigebracht. Draußen im Wald hatte er sich angewöhnt, die Kartoffeln mit den Fingern zu teilen, nun benutzt er Besteck. Auch sein Reden teilt er in kleinere Portionen, macht Konversation daraus.

»Erstaunlich, wie die Upanischaden neueste Vorstellungen über den Menschen in der Welt vorwegnehmen.« Er wartet, ob sie etwas dazu sagen möchte, aber sie stochert nur auf ihrem Teller herum. »Ich meine die Einheitslehre von Brahman und Atman.« Plötzlich merkt er, dass er wie Waldo klingt. Er ahmt sogar dessen tiefere Stimme nach. Das kommt ihm irreal vor wie ein Traum, und er fragt sich, was er hier überhaupt tut. Er ist ein Fremder, nicht nur in diesem Anzug, in diesem Haus, in dieser Stadt, sondern auf der ganzen Welt. Das sollte er endlich akzeptieren.

Lidian blickt auf, mustert ihn mit großen Augen. Hat sie Waldos Stimme erkannt? »Mr. Scudder plant eine utopische Gemeinde in Brook Farm, inspiriert von deiner Hütte am See. Solche Reformgemeinschaften sprießen jetzt überall aus dem Boden.«

»Wirklich?« Er schnalzt tadelnd mit der Zunge. »Ich habe Scudder gesagt, er soll mich nicht imitieren, sondern einen eigenen Weg finden.«

»Hawthorne will ebenfalls in eine Kommune ziehen, behauptet er zumindest. Aber Sie wissen ja, wie er ist. Wie man hört, sollen die Frauen in den Kommunen Hosen tragen. Und die Männer bald Röcke?« Sie kichert leise und wird sofort rot.

Meine Güte, denkt er, und sehnt sich nach seinem Manuskript. Er muss es komprimieren, es soll bloß die Quintessenz seines Lebens am See enthalten. »Was solche Gemeinschaften angeht, hätte ich lieber ein Junggesellenzimmer in der Hölle, als dort zu wohnen.«

Diesmal lacht Lydia laut, und er fühlt sich geschmeichelt. Geduldige, einfühlsame Lidian. Blüht sie etwa auf, seitdem er im Haus wohnt? Oder hat sie bloß zu viel Wein getrunken?

»Ich glaube nicht, dass diese Gemeinschaften den ersten Winter überstehen«, sagt er. »Sie gründen sich im Frühling und fallen spätestens beim ersten Frost auseinander.«

Lidian nickt bei jedem seiner Worte. »Es fehlt ihnen an innerer Stärke«, sagt sie. »Glauben Sie an Schwächung des männlichen Gehirns durch Samenverlust?«

Ein Stück Kartoffel bleibt ihm im Hals stecken. Er hustet, hält sich die Hand vor den Mund, krächzt: »Noch nie davon gehört.«

»Es ist eine dieser Theorien, die Bronson Alcott verbreitet. Ich halte es ebenfalls für Humbug, und Hawthorne auch. Ich glaube, Mr. Hawthorne vertritt die genau gegenteilige Auffassung, dass nämlich eine regelmäßige Triebabfuhr dem Mann eher nützt.«

»Mr. Hawthorne ist ein Romanautor, ich würde ihm nicht alles glauben. Und was Mr. Alcott betrifft, er ist ein ungebildeter Mann aus einfachen Verhältnissen. Seine Tochter dagegen hat er gut erzogen, und das rechne ich ihm hoch an.«

»Waldo verliert seinen Samen ständig irgendwo, nur nicht in mir.« Wörter sprudeln aus ihr heraus. »Wenn Margaret Fuller zu Besuch ist, schreibt sie meinem Mann Liebesbriefe über den Flur hinweg, stellen Sie sich das vor!«

Er starrt vor sich auf die Tischplatte. Seltsame Situation, in der er sich befindet. Als ob ein Dritter, Waldo, mit am Tisch sitzt. »Ich bin Waldos Freund, wir sollten in seiner Abwesenheit nicht über ihn ...«

»Sie schieben sich Zettelchen unter den Zimmertüren hindurch!« Lydia rutscht aufgeregt auf ihrem Stuhl hin und her. In ihrer Faust hält sie die Gabel wie eine Waffe, und ihre Schüchternheit hat sie nun gänzlich abgeworfen.

»Wirklich? Unter der Schlafzimmertür hindurch?«

»Sie, mein lieber Thoreau, sind selten zärtlich, nicht wahr? Man könnte denken, Sie fühlen sich nur lebendig, wenn Sie auf Widerstand stoßen.«

Er quält sich zu einem Lächeln, sein unterer Rücken beginnt zu schmerzen, wird steif und verkrampft. Rückenschmerzen – auch etwas, das er im Wald nicht hatte. Er entschuldigt sich und steht auf. »Ich brauche frische Luft.«

Er geht in den Garten hinaus, an den herumtollenden Kindern vorbei. Was für ein Spiel treibt Lidian hier? Erst staffiert sie ihn als ihren Ehemann aus, dann macht sie diese anzüglichen Bemerkungen. Er geht zum Bach hinunter, wo das Grundstück endet. Er atmet tief ein, als ob er versucht, etwas Waldluft in die Stadt hineinzusaugen. Hinter einem Zaunpfahl findet er einen alten Zigarrenstumpen, den Waldo dort vermutlich versteckt und vergessen hat. Er holt ein Streichholz hervor und zündet den Stumpen an. Dann merkt er, was er tut. Nun raucht er auch noch Waldos Zigarren zu Ende! Wütend wirft er den Stumpen zu Boden und tritt ihn aus.

Am nächsten Morgen, gleich nach dem Frühstück, bessert er das Parkett in der Eingangshalle aus, was dringend nötig war. Er ist froh über diese Aufgaben, die es ihm erlauben, im Haus und auf dem Grundstück zu bleiben, denn auf die Straße traut er sich noch nicht. Dort würde er Bekannte treffen, die ihn auf den Zwischenfall im Wald ansprechen. Er müsste sich erklären, und bestimmt würden sie ihn fragen, wo die Pflicht zum zivilen Ungehorsam, die er in seinem Aufsatz propagiert hatte, geblieben sei.

Während er vorsichtig eine Parkettbohle einfügt, merkt er wieder einmal, wie sehr er die handwerkliche Arbeit liebt, und er fragt sich, ob er sich nicht als Tischler verdingen sollte. Aber dafür bräuchte er eine Werkstatt, er müsste Aufträge annehmen, Kunden bedienen, Beschwerden entgegennehmen. Er müsste ein Gewerbe anmelden, Formulare ausfüllen, Steuern zahlen. Schon bei dem Gedanken daran verliert er jede Lust. Sein Hals ist trocken, und daher freut er sich, als Lidian ihm etwas zu trinken bringt.

Heute Morgen am Frühstückstisch hat sie wieder über die Reformkommunen gesprochen, über die Rollen von Männern und Frauen dort. Er hat nur genickt und war vorzeitig vom Tisch aufgestanden. Während er nun das Glas Wasser an seine Lippen setzt, spricht Lidian über Kleiderordnung, Arbeitsteilung und das Familienleben in den Kommunen. »Eine Frau soll dort mit mehreren Männern zusammenliegen dürfen.« Ihre Stimme zittert.

Er schweigt, gibt ihr das Glas zurück, greift nach dem Holzhammer und kümmert sich weiter um das Parkett.

Das Mittagessen lässt er ausfallen. Am Nachmittag erwähnt Lidian, dass sie ihre Handschuhe für den Kirchgang ständig verlegt, deshalb schreinert er ihr ein Fach unter dem

Sitz des Esszimmerstuhls, dort kann sie ihre Handschuhe verstauen. Für ihn ist es bloß eine nützliche Verbesserung, aber Lidian faltet die Hände und sieht ihm entzückt in die Augen.

Er weicht ihrem Blick aus. Sie berührt ihn mit ihrer Hand am Oberarm. »Dass du das einfach so für mich gemacht hast!« Sie nähert sich ihm und küsst seinen Hals. Er weiß nicht, wohin er den Kopf wenden soll, während sie sich gegen ihn lehnt. Er spürt ihr Gewicht. Ihre Schulter duftet, und er fühlt ihr Herz schlagen.

»Bitte.« Das alles beengt ihn, kommt ihm peinlich und unwürdig vor, wie eine Komödie. Er schiebt sie von sich weg, aber Lidian krallt sich an Waldos Anzugaufschläge und rüttelt daran wie an einem Gefängnisgitter. »Körperliche Liebe gehört zur Natur wie sonst fast nichts im Menschen!«

Er fühlt sich als Teil eines großen Missverständnisses. Ist es das, was die Stadtbewohner unter einem unabhängigeren Leben verstehen? Den Trieben freien Lauf lassen? Wurde ihre Fantasie durch seine Zeit im Wald derart entfacht?

»Ich will das nicht«, sagt er bestimmt und sieht sich nach der nächsten handwerklichen Aufgabe um, während Lidian schluchzend die Treppe hinaufstürmt.

Fortan nennt er Lidian demonstrativ Lydia und trägt auch nicht mehr Waldos Anzüge. Er weicht ihr aus und lässt sich das Essen vom Hausmädchen auf sein Zimmer bringen. Waldo hat aus England geschrieben, dass er in einem halben Jahr zurückkommen wird, bis dahin muss er sich mit Lydia arrangieren. Er zählt die Tage und geht nun öfter vor die Tür, hilft beim Anlegen von Gärten und Brunnen, berät die Forstarbeiter im Wald und übernimmt Arbeiten als Landvermesser. Er versucht, täglich mindestens zwei Stunden zu gehen, einfach zu gehen und von Schritt zu Schritt zu denken. So fühlt er sich lebendig, so kommt er zur Ruhe, so verliert er die Bodenhaftung nicht.

Im Herbst reist er für eine Woche nach Cape Cod, erst mit der Kutsche, dann weiter zu Fuß, seine sieben Sachen in einem gefalteten Taschentuch bei sich. Niemals würde er die Eisenbahn nehmen. Er macht sich Notizen, schreibt Tagebuch. Vor Weihnachten bereist er für zwei Wochen Kanada, aber er ist enttäuscht von dem Land, das auch nicht viel anders ist als Massachusetts. Gegen jede Wahrscheinlichkeit hofft er, Shadrach über den Weg zu laufen. Wie es ihm wohl ergeht? Mit ihm im Boot, das waren die letzten schönen Momente am Waldensee. Ob er als Stadtmensch glücklich geworden ist?

Im Januar möchte Reverend Channing im Lyceum von Concord eine Rede über Abolitionismus halten, die auch er sich anhören will. Er trägt seine alten Lumpen inzwischen stolz, der Rolle entsprechend, die er in der Vorstellung der Stadtbewohner spielt. Er fragt sich, ob er sich diese Rolle selbst ausgesucht hat oder ob sein ganzes Verhalten eine Reaktion auf die Verhältnisse ist. Hatte er überhaupt eine Wahl?

Viele Mitglieder der Underground Railroad sind an diesem Tag im Lyceum, und er spürt ihre vorwurfsvollen Blicke. Während es draußen regnet und Tropfen wie Kieselsteine gegen die Fenster des großen Saals prasseln, heizt sich drinnen die Stimmung auf. Miss Alcott sitzt in der ersten Reihe und dreht sich nur kurz zu ihm um. Ihre Augenbrauen schieben sich zusammen. Sie ist immer noch verärgert. Hinter ihr sitzt Nathaniel Hawthorne, der berühmte Schriftsteller, der in Sachen Eitelkeit Waldo in nichts nachsteht. Allerdings trägt Mr. Hawthorne ausschließlich schwarze Anzüge und pflegt ein Image als Finsterling.

Er hat Goethe gelesen, und manchmal kommt ihm Concord wie ein kleines, amerikanisches Weimar vor. Zwischen den Geistesgrößen fühlt Thoreau sich allerdings wie ein Vagabund, und das gefällt ihm besser als jedes repräsentative Gehabe.

Von seinem Platz in der hintersten Reihe aus entdeckt er auch John Brown unter den Gästen. Kurz ist er alarmiert. Gibt es Bewaffnete unter den Anwesenden? Seit ihrer Begegnung vor seiner Hütte hat er John Brown und seine Bande nicht wiedergesehen. Der militante Abolitionist hat seinen Bart gestutzt und ähnelt dem Gesuchten auf den Plakaten nur noch entfernt. Trotzdem ist es erstaunlich, dass er hier einfach so auftaucht; offenbar fühlt er sich in Concord inzwischen sicher genug. Es heißt, dass er zwanzig Kinder gezeugt hat und ein paar von seinen Jungs ihn immer begleiten. Ob sie die Veranstaltung sprengen wollen?

Zum Glück sitzt er nahe beim Ausgang und könnte jederzeit fliehen. Tatsächlich peitscht Reverend Channings Vortrag die Zuhörer auf, und tatsächlich kommt von den Männern um John Brown herum der lauteste Beifall. Als Channing dem Publikum vorwirft, in einem Elfenbeinturm zu leben, während im Süden die Sklaverei fortdauert, erhebt sich Hawthorne und ruft in Richtung Bühne: »Warum maßen Sie sich an, uns zu verurteilen?«

»Ich kenne euch! Ich bin ein Sohn dieser Stadt. Ihr trefft euch in euren Diskussionszirkeln, lest Rousseau und Platon. Ich dagegen fordere wirkliche Handlungen! Ich fordere Auge um Auge, Zahn um Zahn!«

Kurz hat er das Gefühl, dass Channing genau zu ihm blickt. Ist der Vorwurf auf ihn gemünzt? Ist es eine Anspielung auf die Umstände bei Anthonys und Graces Verhaftung?

Er schielt zum Ausgang, spürt den Impuls, zu gehen. Aber wenn er jetzt aufsteht, werden sich alle zu ihm umdrehen.

»Er hat etwas Wahnsinniges im Blick, finden Sie nicht?«, flüstert jemand neben ihm. Es ist der Krämer, den er aus der Gefängniszelle heraus beobachtet hat.

»Ich finde, er klingt sehr vernünftig«, murmelt Thoreau, bloß um zu provozieren. Der Krämer schüttelt den Kopf, während Hawthorne sich nun zum Publikum umdreht: »Nur politische Verhandlungen mit dem Süden bringen etwas. Keine Gewalt und keine Überfälle!«

Reverend Channing, aber auch John Brown und ein paar andere buhen Hawthorne aus, der sich nun wieder hinsetzt. Diese Gesellschaft ist gefährlich gespalten, denkt Thoreau und ist froh, als die Veranstaltung ohne weitere Zwischenfälle endet.

Nach seiner Rede sammelt Reverend Channing Geld für einen kommenden Sklavenaufstand. Thoreau beobachtet, wie Miss Alcott mindestens fünf Dollar in die Kollekte legt, wogegen Hawthorne den Beutel regungslos vorüberziehen lässt.

Als der Beutel zu ihm kommt, gibt er ebenfalls nichts. Er hat kein Geld, und er will sich raushalten.

»Na, doch nicht so vernünftig?«, sagt der Krämer spöttisch.

»Ganz im Gegenteil! Ich fand Reverend Channings Rede so überzeugend, dass er mein Geld nicht brauchen wird.«

Als er aus dem Lyceum tritt, hat der Regen aufgehört. Er schaut sich nach Miss Alcott um, um endlich mit ihr zu reden, aber er findet sie nicht. Stattdessen spricht John Brown ihn an. »Der Einsiedler vom Waldensee!«

»Nicht mehr.«

»Ich habe von Ihrem Versagen gehört. Sehr bedauerlich.«

»Ich habe immer gesagt, dass man sich nicht auf mich verlassen soll. Aber ja, vielleicht würde ich heute anders handeln. Was haben Sie jetzt vor?«

»Ich werde einen Sklavenaufstand organisieren, Reverend
Channing unterstützt mich dabei. Und Sie haben immer noch
die Möglichkeit, sich uns anzuschließen.«

Er weiß, dass das Leben in einer Räuberbande, das Leben
in einer Gruppe überhaupt, nichts für ihn ist. Er würde an-
ecken, er würde sich ständig erklären müssen und es gäbe
Streit. Deshalb schüttelt er den Kopf, aber nicht ohne John
Brown Glück zu wünschen.

VERBINDUNGEN

Lincoln reist von Louisville mit der Eisenbahn nach Osten
weiter, durch die schwarzen Wälder der Appalachen bis nach
Clarksburg, wo er übernachtet. In der Herberge erzählt der
Wirt ihm von Lynchmorden an entflohenen Sklaven, die sich
in den Bergen versteckt halten. Joshuas Mutter hat ihm ihre
Bibel zum Abschied geschenkt, und vor dem Einschlafen
blättert er darin. In der Nacht träumt er von Mary, und am
nächsten Morgen fährt er nach Washington weiter. Hier besucht er seinen ehemaligen Kanzleikollegen Stuart und hält
eine Rede auf einem Eisenbahner-Kongress, in der er das Infrastrukturgesetz lobt. Er besichtigt das Kapitol, trifft den
Präsidentschaftskandidaten der Whigs, William Harrison,
und reist fünf Tage später nach New York weiter.

Im Hotel nahe des Hauptbahnhofs gibt er ein Telegramm
nach Concord auf, in dem er Ralph Waldo Emerson um ein
Treffen bittet. Ob ihn der große Philosoph als Berater unter-
stützen würde? Er plant, mit ihm darüber zu reden.

Vom Hotel aus spaziert er den Broadway am Hudson entlang nach Süden, vorbei an Mietskasernen und einem quadratischen Stück Natur, das einmal der zentrale Park von New
York werden soll. Lincoln entdeckt einen künstlichen See
und romantisch verschlungene Pfade. Für ihn ist das eine
Platzverschwendung, hunderte Wohnungen könnte man auf
dem Quadrat errichten! Der Mangel an Wohnraum ist das
größte Problem, keine Stadt der Welt wächst so schnell wie

New York. Er geht weiter, und die Stadt erscheint ihm, trotz des quadratischen Aufbaus, immer mehr wie ein Labyrinth. Wie soll das alles ohne Gesetze funktionieren? Das hätte er diesen Thoreau am liebsten sofort gefragt.

In der großen Stadt fühlt er sich einsam, und er stellt sich vor, wie es wäre, mit Mary am Arm die Avenue entlang zu spazieren. Er kehrt in einem gehobenen Restaurant ein und gibt einen großen Teil seines Reisebudgets für eine Mahlzeit aus. Nach dem Essen fühlt er sich satt bis zum Platzen, aber immer noch einsam.

Als er ins Hotel zurückkehrt, ist eine Antwort auf sein Telegramm eingetroffen. Mrs. Emerson schreibt, dass ihr Mann sich auf einer Europareise befinde, ein Treffen daher unmöglich und ein Besuch nicht erwünscht sei. Er ist ein wenig enttäuscht, geht auf sein Zimmer, legt sich aufs Hotelbett und liest noch einmal Thoreaus Aufsatz über den zivilen Ungehorsam. Jene Regierung sei die Beste, die gar nicht regiert? Das Gesetz habe den Menschen niemals auch nur ein wenig gerechter gemacht? Er ärgert sich darüber so sehr, dass er die halbe Nacht wach bleibt. Im Bett liegend, konzipiert er eine Rede für seinen Wahlkampf um den Einzug ins Staatsparlament von Illinois. Darin betont er die Bedeutung von Gesetzen für eine Gesellschaft. Er kritzelt die Wörter aufs Papier, murmelt sie vor sich hin und stellt sich vor, Thoreau würde ihm zuhören.

Am Morgen nimmt er die Eisenbahn in Richtung Boston, um von dort nach Concord weiterzufahren. Während die Schienen unter ihm rattern, nickt er vor Müdigkeit immer wieder ein. Er träumt, ein Mann führe ihn durch einen Wald. Die Bäume sind grün, es ist nicht der abgestorbene, innere Wald seiner Krankheit, aber trotzdem fühlt er sich unwohl.

Über ihm rauschen die Baumkronen, und die Tannennadeln unter seinen Füßen geben bei jedem Schritt leicht nach. Der Mann – ist es Thoreau? – dreht sich zu ihm und fordert ihn auf, sich auf dem Waldboden zu wälzen. Lincoln will das nicht, er wehrt sich und strampelt auch noch, als er längst aufgewacht ist.

Der Zug trifft pünktlich in Concord ein. Lincoln ist der Einzige, der aussteigt. Er hat keine Ahnung, welcher Weg zum Waldensee führt, aber er will den Bahnhofsvorsteher nicht fragen, um nicht sofort als Fremder aufzufallen.

Er lässt seinen Koffer am Bahnhof, schlendert durch das saubere Städtchen. Die Wege sind mit hellen Steinen gepflastert und kein Pferdekot ist zu sehen. Nur wenige Menschen sind auf den Straßen, Lincoln fragt sich, wo sie stecken. Er sieht eine kleine Pension, in der er übernachten könnte, will sich darum aber erst später kümmern. Er ist neugierig auf diesen Thoreau, will ihn zur Rede stellen.

Während er durch Concord geht, denkt er, dass es leicht sei, hier zum Rebellen zu werden. Alles ist überschaubar wie in einem Bilderbuch, oder wie in einem dieser Dioramen, die er in New York gesehen hat. Wenn alle Einwanderer New Yorks hierhin umgeleitet würden, wäre Concord binnen eines Tages dem Kollaps nahe, dann hätte Thoreau seinen Naturzustand, dann soll er sehen, wie er die Dinge ohne Gesetze regelt!

In welcher Richtung liegt der See überhaupt? Er hätte sich eine Karte besorgen sollen. Er überwindet seine Zurückhaltung und spricht einen Passanten an, fragt nach dem Einsiedler vom Waldensee. Der Mann, eine etwas nachlässige Erscheinung, weiß sofort, worum es geht. »Der wohnt nicht mehr dort draußen.«

»Wissen Sie, wo er jetzt gerade ist? Ich will ihn besuchen.«

Der Mann blickt zum Himmel und scheint zu überlegen. Seine Augen bewegen sich wie hinter Maskenschlitzen. »Warum wollen sie ihn treffen?«

»Ich bin ein Politiker aus Illinois, und ich möchte mich mit ihm über Politik unterhalten.«

Das Gesicht des Mannes verzieht sich, als hätte er Schmerzen. Dann eilt er davon.

»Aber wo wohnt denn Mr. Thoreau jetzt?« ruft Lincoln ihm hinterher. Hat er etwas Falsches gesagt?

Er sieht sich in dem Vorurteil bestätigt, dass die Menschen umso arroganter werden, je östlicher man kommt. Lincoln versucht es in einem Tuchgeschäft und erfährt, dass Mr. Thoreau vorübergehend bei den Emersons wohnt.

Damit hat er nicht gerechnet. Mr. Emersons Haus ist das stattlichste in der Straße, noch größer sogar als das Haus der Edwards in Springfield. Das schüchtert ihn ein. Dort soll er Mr. Thoreau zur Rede stellen? Außerdem hat Mrs. Emerson ihm geradezu verboten, sie zu besuchen; was würde sie denken, wenn er trotzdem vor ihrer Tür stünde?

Er setzt sich an den Rand eines Denkmals für die Gefallenen der Revolution, wartet, wird melancholisch. Allein zu reisen ist eine trübselige Angelegenheit, man zweifelt schnell an sich selbst. Er vermisst Mary. Er möchte rasch nach Illinois zurückkehren, bevor sein Schwermut ihn überwältigt.

Mit einem Seufzer steht er auf und kehrt zum Bahnhof zurück, peinlich berührt über sich selbst. Der Zug nach Boston kommt in drei Stunden, solange sitzt er am Bahnsteig und hofft, dass niemand ihn sieht. Was für eine lächerliche Sache, diese Reise hierher. Niemand darf je davon erfahren.

SICH MESSEN

Nathaniel Hawthorne hat ihn nach Old Manse eingeladen, zu einem dieser spiritistischen Treffen, die Thoreau eigentlich hasst, aber zu denen er trotzdem geht, um nicht mit Lidian zusammen zu sein. Und so spaziert er durch die Gassen Concords, in Richtung des alten Pfarrhauses, in dem die Hawthornes wohnen. Der Himmel ist heute wolkenlos, und das Messingschild an der Concord-Gun-Manufactory, an der er vorbeikommt, funkelt frisch poliert. Weil Margaret Fuller und Miss Alcott ebenfalls zu Gast sein werden, hat er sich gekämmt und seinen Bart gestutzt.

Es ist einer der ersten Frühlingstage, durch den Thoreau sich treiben lässt. In seinem Leben gibt es nur noch wenig Abwechslung, und so ist er kurz animiert, als ihn vor dem Kurzwarenladen ein hagerer Fremder anspricht. Er will den Einsiedler vom Waldensee besuchen.

Thoreau muss fast lachen. Ein Leser, einer dieser Bewunderer, die ihm nachschnüffeln, mit einem hageren Gesicht und dem Antlitz eines Frontier-Kolonisten. Noch nie hat Thoreau so ein trauriges Gesicht gesehen.

Er kommt sich mehr denn je wie ein Schauspieler vor, als er antwortet, dass der Einsiedler vom Waldensee nicht mehr dort wohnt. Der Fremde scheint enttäuscht zu sein, er stellt sich als Politiker aus Illinois vor, was Thoreaus Laune augenblicklich trübt. Ein Politiker! Ein Mensch, der sein Gewissen zu Markte trägt und an die Mehrheit verkauft! Thoreau hat noch nie seine Stimme bei einer Wahl abgegeben. Das sagt er dem Fremden zwar nicht, aber er verabschiedet sich sofort und geht weiter.

Eigentlich besucht er die Hawthornes nur, um sich endlich mit Miss Alcott auszusprechen. Er will die Zeit des Ignorierens und des bangen Hoffens auf zufällige Treffen heute beenden. Der Gedanke daran lässt ihn schneller gehen. Von der Old North Bridge sind es nur noch ein paar Schritte den Concord-Fluss entlang, dort wo er früher mit seinen Schülern auf Exkursion gewesen ist. Als Nathaniel Hawthorne vor einem Jahr mit seiner Frau Sophia hierherzog, hat Thoreau ihnen den Garten angelegt, seitdem lädt das jungvermählte Paar zu schädelkundlichen und anderen seltsamen Sitzungen.

Als er eintritt, hält Margaret Fuller gerade eine ihrer berüchtigten Konversationen, bei denen hauptsächlich sie spricht. Sie ist stolz darauf, als erste Frau überhaupt die Harvard-Bibliothek benutzen zu dürfen, und sie erzählt, dass die *New York Tribune* ihr eine Stelle angeboten hat, die sie als alleinlebende Frau jedoch nicht annehmen dürfe. »Wo soll ich so schnell einen Ehemann herbekommen?«

»Henry David, was haben Sie mit Ihrem Bart gemacht?« begrüßt Hawthorne ihn. Er setzt sich neben Miss Alcott, nickt ihr zu, ohne Miss Fullers Ausführungen zu unterbrechen. Miss Alcott trägt heute ihre Haare offen und beschenkt ihn zum ersten Mal seit dem misslichen Vorfall im Wald mit einem Lächeln. Auf dem großen Tisch vor ihnen liegt ein beschrifteter, menschlicher Schädel.

»Dreiunddreißig markierte Areale«, flüstert Miss Alcott, als er den Schädel in die Hand nimmt. »Entsprechend der dreiunddreißig Organe, die den menschlichen Charakter formen.«

»Und Sie glauben daran?« Ihm graust es bei dem Gedanken, dass sie sich gegenseitig den Kopf ausmessen werden. Aber es tröstet ihn, dass es bestimmt auch Miss Alcott davor graust.

Jeder weiß, dass Margaret Fuller in Nathaniel Hawthorne verliebt ist. Jeder, außer Hawthornes Frau, die leicht hinkt und ihm blind ergeben ist. Gerade bringt sie eine Schüssel voll Reisgebäck ins Zimmer, das einmal die gute Stube des Pfarrhauses war. Inzwischen ist es, außer der Küche, der einzige beheizbare Raum. Es heißt, Mrs. Hawthorne sei vor ihrer Hochzeit eine akzeptable Malerin gewesen, die sogar Ausstellungen hatte.

»Eine selbstständige Frau sollte nie heiraten«, sagt Miss Alcott während einer Atempause Margaret Fullers. Er stimmt ihr zu und holt einen Apfel hervor, den er aus Waldos Garten mitgenommen hat. Sein Mittagessen für heute.

»Es heißt, Sie ernähren sich nur noch von Rohkost«, fragt Hawthorne, den alles Formbare am Menschen interessiert. Neuerdings hat er sich sogar der indischen Gymnastik verschrieben, die er jeden Morgen unter Stöhnen vollführt. Aber Thoreau will die Sache mit der Rohkost nicht aufbauschen und winkt ab.

»Selbst in Momenten der Verzweiflung möchte ein Mann nie eine Frau sein«, sagt Margaret Fuller, und Miss Alcott nickt energisch mit dem Kopf, während Mrs. Hawthorne wieder in die Küche zurückkehrt.

Er betrachtet Margaret Fuller wie eine seltene Apfelsorte. Er nimmt ihr immer noch übel, dass sie seine Aufsätze abgelehnt hat, und meistens kommt sie ihm wie eine Aufschneiderin vor, mit entlehnten Charakterzügen und viel zu schwülstiger Sprache. Sie hat einfach irgendwann beschlossen, die klügste Frau ihrer Zeit zu sein. Vielleicht ist sie das ja auch, aber muss sie es dermaßen herausposaunen? Er beugt sich zu Miss Alcott hin und fragt, wie weit sie mit ihrer Schriftstellerei gekommen sei.

»Ich arbeite an einem Roman über menschliche Stimmungen«, flüstert sie. Offenbar ist es ihr unangenehm, vor dem großen Hawthorne darüber zu sprechen. »Ich befolge Ihren Rat, so melancholisch wie möglich zu sein.«

War es das, was er ihr empfohlen hat? »Melancholie ist nur eine mögliche Stimmung von vielen. Ich hoffe, sie stellen die ganze Bandbreite des Menschlichen dar.«

»Die Hauptfiguren sind bei mir keine Menschen, sondern Tage. Jeder Tag hat einen eigenen Anstrich, manche sind voll Licht, manche grau.«

»Das ist eine schöne Idee. Sie werden bestimmt Ihren Weg gehen.« Er hätte ihr gern mehr Mut gemacht. Soll er ihr von seinem heutigen Tag erzählen? Von dem Fremden, der ihn nach dem Einsiedler vom Waldensee gefragt hat? Aber dann müsste er über sich selbst sprechen, und das tut er nur ungern.

Hawthorne tippt ihm auf die Schulter, zeigt ihm einen Indianerpfeil und einen bemalten Steinmeisel, möchte seine fachmännische Meinung hören. Eine kleine Gruppe Algonkin-Indianer schlägt jeden Sommer ihre Zelte am Concord-Fluss auf, und anscheinend hat Hawthorne Freundschaft mit ihnen geschlossen.

Thoreau dreht den Steinmeisel in den Fingern. »Nichts Altes. Kaum benutzt. Haben Sie was dafür bezahlt?«

Er ist jetzt also Experte für Indianer-Kitsch. Niemand fragt ihn nach seinem Walden-Manuskript, an dem er fast täglich arbeitet. Niemand bittet ihn um einen neuen Artikel für die

Æsthetic Papers. Für seine Freunde ist er eine Art Trapper und Sammler, ein Landvermesser ohne größere Ambitionen.

Enttäuscht über seinen Fehlkauf nimmt Hawthorne den Meisel und fragt, wann Waldo endlich nach Amerika zurückkommt.

»In zwei Monaten.« Er verdrängt jeden Gedanken daran. Vorgestern kam ein Telegramm aus London, das ihm Lidian mit zitternder Hand und zitternder Stimme vorlas. Die Überfahrt ist gebucht, und glaubt man den Zeitungen, wird Waldo als größter lebender Philosoph in die USA zurückkehren.

»Ich vermisse ihn nicht gerade.« Hawthorne setzt sich eine Rauchglasbrille auf, die er bei einem Chinesen in New York gekauft hat; sie soll die Augen gegen Sonne schützen. »Aber ich kann es kaum erwarten, seinen Kopf zu vermessen. Vielleicht ist sein Denker-Schädel ja viel kleiner als erwartet?« Hawthorne kann sich solche Seitenhiebe auf Waldo selten verkneifen.

Um das Thema zu wechseln, greift Thoreau noch einmal zum Schädel. Als er ihn in seinen Händen dreht, um sich die Linien und Buchstaben darauf genauer anzusehen, leuchtet im Inneren etwas auf. Eine blaue Flamme entwischt aus einem der Augenlöcher, schwebt in Richtung Miss Alcott und erlischt auf halbem Weg. Hawthorne reißt sich die Rauchglasbrille vom Gesicht. »Haben Sie das gesehen?«

»Nur ein Glühwürmchen«, sagt Miss Alcott.

»Sicher?« fragt Thoreau und klopft mit dem Knöchel gegen die Schädeldecke. »Ist es zufällig ein Indianerschädel?«

»Ich habe ihn einer alten Algonkin-Frau mit einem Schäferhund abgekauft«, gibt Hawthorne zu.

Alle schweigen. Im alten Pfarrhaus knacken ständig die Dielen und die Wände, aber jetzt ist es für ein paar Augenblicke totenstill, bis ein Scheppern aus der Küche dringt.

»Ein weiterer Beweis für animalischen Magnetismus«, sagt Margaret Fuller. »Swedenborg hat darüber geschrieben.«

Hawthorne nickt aufgeregt und macht sich Notizen. Bevor er sich für die Schädelkunde begeisterte, war er dem Mesmerismus verfallen. Tote Tiere, teilweise verkohlt, lagen damals auf dem Tisch, ihre Kadaver waren während eines Gewitters an den Blitzableiter des Pfarrhauses gebunden worden. Man hatte sehen wollen, ob der elektrische Impuls die Seelen der Tiere irgendwie aktiviert, aber keines war zum Leben erweckt worden.

»Die alte Indianerin wird den Schädel auch nur von einem Trödler gekauft haben«, sagt Thoreau und steht auf.

Hinter dem Haus inspiziert er den Garten. Die Blätter sind angeknabbert und von Schnecken befallen, offenbar kümmern sich die Hawthornes nicht darum. Als er zurückkehrt, hört er Margaret Fuller sagen: »Ich liebe Thoreau, aber ich kann ihn nicht mögen. Würde ich seinen Arm halten, hätte ich bald das Gefühl, den Ast einer Ulme zu berühren.«

Von der Tür aus sieht er, wie Miss Alcott verärgert blickt, und als er eintritt, schenkt sie ihm ein solidarisches Lächeln. Margaret Fullers Einschätzung überrascht ihn nicht, er kann sie ja ebenso wenig leiden.

Sie machen sich daran, ihre Köpfe zu vermessen, halten sich das Maßband an Augen, Mundwinkel und Ohrläppchen, schreiben die Ergebnisse auf. Der Schädel zeigt ihnen die exakten Messpunkte, und auf dem Tisch liegt eine Tabelle mit Erläuterungen. Lange Ohren verraten den Geniekopf, und es wundert ihn nicht, dass Hawthorne bei sich die größten Ohren findet – was Margaret Fuller verschnupft zur Kenntnis nimmt.

»Gelten denn für Frauen die gleichen Maße?« fragt sie. »Wie soll ich mit den Ohren eines Mannes mithalten können?«

Miss Alcott lacht. Sie nimmt die Schädelkunde so wenig ernst wie er. Trotzdem nehmen sie daran teil, nachsichtig wie Erwachsene beim Spiel ihrer Kinder. Nebenbei berichtet er von seiner Arbeit als Landvermesser. »Kürzlich bin ich beauftragt worden, die Stadtgrenze neu zu bestimmen. Sie wächst und wächst.«

»Irgendwann wird auch die Hütte am See verschluckt werden«, sagt Miss Alcott.

Er räuspert sich. Weiß sie es noch nicht? »Die Hütte wurde schon abgetragen. Gleisarbeiter haben sie als Baumaterial verwendet.«

»Was?« Miss Alcott sieht ihn entgeistert an. Hat sie Tränen in den Augen? Diese Neuigkeit erschüttert sie mehr, als er erwartet hat.

Ein paar Leser seines Aufsatzes laden ihn in die Bostoner Cochituate Hall ein, wo er einen Vortrag über seinen Aufenthalt am Waldensee hält. Lidian hat ihn überredet, sich fein anzuziehen und ihm einen von Waldos Anzügen hingelegt. Auf der Bühne kratzt ihm der zu enge Kragen. Trotz Ankündigungen in mehreren Zeitungen sind die Stühle spärlich besetzt. Fast ist er froh, dass nicht mehr Leute gekommen sind, denn eigentlich steht er nicht gern im Mittelpunkt. Er bekommt zehn Dollar für den Abend, wovon er sich neue Wanderstiefel kauft.

Aber eine Minderheit interessiert sich hartnäckig für ihn und seine Zeit am See, und deshalb organisiert Hawthorne für ihn einen weiteren Vortrag, diesmal im Lyceum von Concord, wo er vor zwanzig Menschen spricht. Er ist kein guter Redner. Seine Stimme klingt hohl und dünn wie ein Schilfrohr, außerdem schwitzt er stark. Um glaubwürdiger zu erscheinen, um seine Idee der Bedürfnislosigkeit zu veranschaulichen, lässt er seinen Bart wieder verwildern und trägt auch wieder seine alte Kleidung. Nach dem Vortrag sagt eine ältere Dame zu ihm: »Ich finde so ein Leben barbarisch!« Ein anderer Zuhörer fragt nach dem praktischen Nutzen so eines Lebens, und ein dritter behauptet, das alles habe er schon bei Emerson gelesen.

An diesem Abend geht er enttäuscht vom Lyceum nach Hause. Haben die Leute überhaupt etwas von dem verstanden, was er gesagt hat? Wie kann er seine Erfahrungen besser vermitteln? Er müsste ihnen raten, selbst einmal eine Nacht, oder am besten eine ganze Woche, im Wald zu verbringen.

Am Tag darauf erscheint eine wohlwollende Kritik im *Boston Telegraph*, und er wird für eine zweiwöchige Vortragsreise gebucht. Der erste Abend, in Salem, verläuft durchwachsen, wieder hadert er mit dem Publikum, das ihn nicht versteht und sich schnell ablenken lässt. Für die folgenden Abende kürzt er seinen Vortrag, passt ihn der mündlichen Sprache an, macht ihn prägnanter. Er versucht, die Menschen zu unterhalten, so gut es geht.

In den zwei Wochen verdient er zweihundert Dollar durch seine Vorträge. Als er nach Concord zurückkehrt, kommt Lidian nicht einmal die Treppe hinunter, um ihn zu begrüßen. Sie stellt sich auf ihr Leben mit Waldo ein, und bestimmt sind ihr ein paar Dinge, die zwischen ihnen passiert sind, unangenehm.

Trotz des relativen Erfolgs mit seinen Vorträgen möchte er lieber schreiben. Das Schreiben ist vornehm, das Leben als

Redner dagegen vulgär. Da sein Walden-Manuskript noch viele Kanten hat, die geglättet werden müssen, bietet er den Verlagen den Bericht einer einwöchigen Flussreise an, die er einmal mit seinem Bruder unternommen hat. Er hat den Bericht aus der Erinnerung aufgeschrieben, hat wieder gefühlt, was er damals fühlte, als John noch lebte, und das Ergebnis berührt ihn. Aber von den Verlagen hagelt es Absagen, und letztlich zahlt er den Druck aus eigener Tasche. Er widmet das Buch seinem Bruder, verkauft nur wenige Exemplare und lagert den Rest auf dem Dachboden seines Elternhauses.

Dorthin, auf den Dachboden, zieht er auch, als Waldo von seiner Europareise zurückkehrt. Thoreau holt ihn nicht vom Bostoner Hafen ab, wie Lidian es ihm vorgeschlagen hat. Er trägt seine sieben Sachen durch die Straßen, ans andere Ende der Stadt, bevor der große Philosoph eintrifft. Es sind schäbige Sachen. Fundsachen, Selbstgebasteltes. Thoreau hat nichts, womit er glänzen kann, außer seinen Erinnerungen und ein paar unveröffentlichten Heften. Mit fast vierzig wohnt er wieder bei seinen Eltern.

ORDNUNG UND GEFÜHL

Zurück in Springfield, tritt Lincoln als Hauptredner bei einer Whig-Kundgebung auf. Die Veranstaltung gleicht einem Volksfest, mit Barbecue und Festzelten, in denen bei Bier und Kartoffelsalat die wichtigsten Fragen der Gegenwart diskutiert werden. Lincoln steht auf einem Handwagen zwischen zwei Zelten, erzählt von den vielen Einwanderern, die er in New York gesehen hat, von seinem Besuch auf Joshuas Plantage, dem Leid der Sklaven und von den Lynchmorden im Süden. Das Manuskript seiner Rede hat er vor sich liegen, aber er braucht es eigentlich nicht. Er weiß, was er sagen will.

»Ich glaube, dass die Institution der Sklaverei auf Ungerechtigkeit und schlechte Gesetze zurückzuführen ist!« Mit seinen Händen modelliert er die Sätze nach. Bei dem Wort *Gesetze* sticht er mit einem Finger in Richtung Zuhörer, um zu zeigen, dass jeder betroffen ist. Da sieht er Mary zwischen den Leuten stehen, seine Hand sinkt, seine Rede kommt ins Stocken. Aber Mary lächelt, fordert ihn mit ihren Augen zum Weitermachen auf.

Er erzählt von Leichen, die an Bäumen hängen, er wettert gegen die Bedrohung der Ordnung durch wildeste Gefühlsentladungen. »Wir sollten die Sklaverei abschaffen, aber nicht durch Gewalt, sondern durch Politik!« Er schwitzt, seinen Zylinder trägt er wie eine Trommel unterm Arm. »Die Verehrung der Gesetze sollte die politische Religion dieses Landes werden!« Er greift zur Bibel, hält sie hoch, damit jeder sie sieht.

Nach seiner Rede, als schon die Blasmusik eingesetzt hat, fordert er die Applaudierenden auf, ihn im Herbst ins Staatsparlament von Illinois zu wählen. Er schüttelt Hände, lacht. Die Rede hat ihn aufgeputscht, jetzt sucht er Mary, um mit ihr zu reden, später vielleicht sogar mit ihr zu tanzen. Die Vorstellung, sie zu berühren, lässt ihn erschaudern. Mr. Francis, der Herausgeber des *Sangamo Journal*, hält ihn am Oberarm fest. »Ich würde mich freuen, Sie als Parteiführer der Whigs zu sehen.«

»Bin ich nicht zu jung dafür?«

»Sie können Reden halten und Sie sind eine ehrliche Haut! Man nennt Sie ›ehrlicher Abe‹, wissen Sie das?«

»Das hört man gern.« Aber schon kommen ihm Zweifel, fallen dunkle Tropfen in sein aufgewirbeltes Bewusstsein. Hat er nicht eben wie ein Clown auf dem Wagen gestanden? Und die Sache mit der Bibel, war das glaubhaft? Und klingt sein Lachen nicht allzu künstlich? Steht nicht die ganze Zeit neben ihm ein Schatten?

»Sind Sie wieder gesund?« fragt Mr. Francis. »Ich hörte, Sie hatten eine schwierige Zeit.«

»Eine üble Erkältung.« Er winkt ab, lächelt. Es war eine seltsame Zeit, erst die Behandlung durch Doktor Henry, dann die Reise zu Joshuas Plantage und an die Ostküste, in dieses Städtchen Concord, aus dem er gleich wieder geflohen ist. Sein Schattengefecht mit Thoreau. Aber niemand, der den Schwarzen Hund nicht selbst in sich trägt, weiß, wie es sich anfühlt. »Ich bin jetzt bereit, wieder in den politischen Ring zu steigen.«

»Höchste Zeit!«, ruft Mr. Francis. »In den Zeitungen geht es nur noch um die Wirtschaftskrise und Mr. Shields mangelhaften Umgang damit.«

»Als Schatzmeister ist Mr. Shields nicht zu beneiden.«

»Wissen Sie, dass er Steuern nur noch in Form von Gold oder Silber annehmen will? Kein Bargeld! Damit versucht er, die Inflation zu umgehen.«

Lincoln ist froh, dass sich das Gespräch nicht mehr um seinen Zustand dreht. »Kein normaler Mensch hat genügend Gold oder Silber, um damit Steuern zu zahlen.«

Mrs. Francis gesellt sich zu ihnen. Sie hat das Gespräch verfolgt und nickt, beugt sich zu Lincoln und flüstert: »Mary Todd ist auch hier.« Ihr Mann seufzt, wendet sich ab und verschwindet in einem der Festzelte.

Er tut überrascht. »Ach ja?«

»Haben Sie schon miteinander gesprochen?«

»Nein.«

»Das sollten Sie, Mr. Lincoln! Die Gute sah ganz sehnsüchtig aus. Wenn Sie einen Ort brauchen, um sich ungestört mit ihr zu treffen, dann kommen Sie bitte zu mir.«

»In Ordnung. Danke.«

Die Sache ist ihm peinlich, offenbar beschäftigt sich halb Illinois damit. Er merkt, wie er errötet, außerdem knurrt sein Magen. Er verabschiedet sich von Mrs. Francis, schlendert an den Zelten vorbei, kauft sich einen kandierten Apfel. Mit der klebrigen Kugel in der Hand geht er über die Festwiese, auf der die Buden wie zu einer Wagenburg gruppiert stehen. Eine Weile schaut er bei einem Tauziehwettbewerb zu.

Er kann Mary nirgendwo finden, schiebt sich durch die Menschenmenge, bald ohne Ziel und wie ferngesteuert, bis jemand sein Handgelenk greift.

»Komm mal mit!« Mary trägt einen Mantel mit zweireihiger Knopfleiste und aufgestelltem Kragen, fast wie eine Uniform. Er findet sie schön darin, mit ihrer strammen Figur, ihren Kastanienaugen. Aber sie wirkt auch streng. Sie zieht ihn hinter eine Losbude, wo sie sich ungestört unterhalten können.

»Du hast abgenommen.« Sie legt ihre flache Hand auf seine Wange.

»Mir tut alles so leid.«

Sie umarmen sich kurz und verstohlen, dann halten sie sich an beiden Händen. Ihr Zeigefinger streichelt seinen Daumen. Sie fragt, was sie falsch gemacht hat.

»Nichts! Es liegt allein an mir! An meinem miserablen Leben.« Soll er ihr von seiner Reise erzählen? Sie könnten gemeinsam darüber lachen.

»Ich habe von deiner Krankheit gehört.«

»Oh.« Er ist überrascht. Hat es sich schon herumgesprochen? Welche Krankheit meint sie, die Melancholie oder die angebliche Erkältung? Sind die Butlers oder Dr. Henry geschwätzig gewesen?

»Weißt du, in mir ist auch nicht alles normal«, sagt sie, und ihr Blick verliert sich kurz, als ob sie in sich hineinschaut.

Dieser Satz von ihr erschüttert ihn. Nicht, weil er es nicht geahnt hätte, sondern weil sie so ehrlich ist. »Genau dafür liebe ich dich! Können wir uns wieder treffen?«

Sie nickt zaghaft. »Aber nur geheim. Die Leute sollen nicht noch mehr über uns reden.«

Von da an treffen sie sich regelmäßig im Haus der Francis'. Sie küssen sich, trinken Unmengen an Kaffee, lesen sich Shakespeare-Sonette vor. Außerdem machen sie ihr altes Vorhaben wahr und verfassen einen gemeinsamen Leserbrief, den sie Mr. Francis zur Veröffentlichung im *Sangamo Journal* mitgeben wollen.

Während Mrs. Francis draußen im Garten die Rosen schneidet, sitzen sie, mit Schreibfedern und Papier bewaffnet, im Gästezimmer und formulieren Spitzen gegen James Shields. Als Pseudonym wählen Sie den Namen Rebecca.

»Rebecca, eine einfache, aber empörte Frau vom Lande!« Mary beißt in einen Apfel und fabuliert im Tonfall eines Hinterwäldlers über Kochrezepte, übers Rübenputzen und über den weltfremden Schatzmeister, der ernsthaft verlangt, Steuern mit Gold und Silber anstatt mit Banknoten zu begleichen.

Sie lesen sich ihre Entwürfe vor, korrigieren sich rücksichtsvoll. Zusammen an einem Text zu arbeiten, denkt er, das ist wie eine Expedition zu zweit durch eine enge Höhle. Man darf nicht zu viel Raum für sich selbst einfordern.

Als Mr. Francis in der darauffolgenden Woche von begeisterten Leserbriefen berichtet, die nach weiteren Artikeln von »Rebecca« verlangen, erklären die beiden sich zu einer regelmäßigen Kolumne bereit. Dadurch haben sie nun einen offiziellen Grund, sich regelmäßig zu sehen. Diese Arbeitstreffen dauern manchmal die ganze Nacht.

Am Morgen reitet Lincoln manchmal direkt vom Haus der Francis' zum Bezirksgericht, wo er vier Tage die Woche als Pflichtverteidiger arbeitet. So kommt er über die Runden. Der Pförtner kennt ihn schon und winkt ihn morgens an der Schranke vorbei. Aus einer Liste sucht er sich die Fälle aus, deren Verteidigung er übernimmt, wobei er nicht wählerisch sein darf. Diebe, Schläger, Sittenstrolche – sie alle vertritt er. Hinterher bittet er sie, sich als Wähler zu registrieren und seinen Namen, Abraham Lincoln, im Kopf zu behalten, wenn sie im Herbst zur Urne gehen. Abends, wenn er nicht gerade mit Mary zusammen ist, tritt er bei Wahlkampfveranstaltungen auf, reist kreuz und quer durch Illinois und variiert seine inzwischen bekannte Rede über die Bedeutung der Gesetze.

Vor jedem Rendezvous mit Mary stellt Mrs. Francis eine Vase mit frischen Blumen aufs Fensterbrett, ein Zeichen an die anderen Hausbewohner, dass die beiden nicht gestört werden dürfen.

Die Rebecca-Briefe werden von Mal zu Mal übermütiger, ganz Illinois lacht inzwischen darüber. Bald machen sie sich auch über Mr. Shields Aussehen und seine Eitelkeit lustig: *Mr. Shields ist ein Charakter ohne jegliche Substanz, ein Leichtgewicht, das ständig drei Inches über dem Erdboden schwebt. Hält er sich etwa für einen Heiligen? In seiner verzweifelten Geltungssucht putzt er sich wie ein Pfau heraus und bedauert die Damen dafür, dass er sie nicht alle gleichzeitig heiraten kann. Aber glauben Sie mir, den Damen ist es egal, sie interessieren sich nicht für Mr. Shields!*

Es ist nur eine Frage der Zeit, bis James Shields darauf reagiert. Den ersten Rebecca-Brief hat er noch mit einer gewissen Belustigung gelesen, als Erguss einer ungebildeten, unwichtigen Frau. Über die weiteren, immer deftigeren Artikel gerät er allerdings in Wut. Ihm ist inzwischen klar, dass ein politischer Gegner dahintersteckt; er engagiert einen Detektiv, der sich beim *Sangamo Journal* umhört und auf den Namen Lincoln stößt.

Mr. Shields ist außer sich. Gerade dieser Lincoln, dessen kostspieliges Infrastrukturgesetz die Haushaltskrise erst ausgelöst hat, greift ihn auf diese schäbige Weise an! Shields fühlt sich in seiner Ehre verletzt. In einem Brief droht er Lincoln mit einem Duell, sollte dieser sich nicht umgehend öffentlich für die Rebecca-Artikel entschuldigen.

Lincoln sitzt am Tisch in seiner Kammer im Haus der Butlers, als er den Brief liest. Gerade war Dr. Henry bei ihm, seine Genesung macht Fortschritte, aber er soll sich vor Aufregung hüten. Nun pocht sein Herz laut angesichts dieses Briefs. Was hat er getan? Er denkt an Mary. Befindet auch sie sich in Gefahr? Was haben sie sich dabei gedacht, Shields auf eine so grobe Weise zu beleidigen? Die Sache war aus dem Ruder gelaufen, weil es Spaß gemacht hat, weil Liebe im Spiel war, weil sie sich im Haus der Francis', in ihrem kleinen Liebesnest, für unbesiegbar hielten.

Er zeigt den Brief Mr. Butler, der ihm empfiehlt, keinesfalls einem Duell zuzustimmen.

»Natürlich nicht.« Dass Mary im Brief nicht erwähnt wird, ist sein Trost. Vielleicht scheut Shields davor zurück, sich mit den mächtigen Edwards anzulegen, vielleicht weiß er auch einfach nicht, dass Mary dahintersteckt. Sollte der Verdacht auf sie fallen, wird Lincoln selbstverständlich alle Schuld auf sich allein nehmen.

Aber wie soll er antworten? Soll er sich durch eine öffentliche Entschuldigung erniedrigen und seine politische Karriere gefährden? Dann hätte er bei der Wahl im Herbst keine Chance mehr. Und ein Duell? Er hat sich noch nie in seinem Leben duelliert, er lehnt dieses altmodische Ritual ab. Außerdem sind Duelle im Staat Illinois verboten.

Er schleppt sich zum Bett, lässt sich fallen. Wenn es ihm gelingt, auf Zeit zu spielen, wird Mr. Shields sich vielleicht beruhigen, und Mary wird nie etwas erfahren. »Letztlich habe ich keine Angst davor, zu sterben«, murmelt er.

Da packt Mr. Butler ihn, zieht ihn hoch. »Ist es wieder so weit? Soll ich Dr. Henry holen?«

»Hören Sie auf.« Er macht sich los, ordnet sich und sein Hemd. Jetzt gilt es, die Sache strategisch zu betrachten. »Überbringen Sie Mr. Shields lieber mein Antwortschreiben.«

Er macht sich daran, eine Antwort zu formulieren, gibt sich staatsmännisch empört und bleibt trotzdem, was das Duell oder eine Entschuldigung betrifft, im Vagen: *Verehrter Mr. Shields, Sie haben schwere Vorwürfe gegen mich erhoben, ohne einen einzigen Beweis, dass ich wirklich der Autor jener Rebecca-Briefe bin, die ich übrigens äußerst amüsant fand. Ich fordere Sie daher auf, sich für diese Anschuldigungen umgehend bei mir zu entschuldigen!*

Als Mr. Shields diese Zeilen liest, hält er sie für einen Witz. Er soll sich entschuldigen? Hat er sich nicht klar genug ausgedrückt? Spielt dieser Lincoln mit ihm? Er schnauft vor Wut und schickt Lincoln eine unmissverständliche Aufforderung zum Duell.

Mr. Butler liest den Brief laut vor, während Lincoln jammernd im Zimmer auf und ab geht. Mrs. Butler schiebt ihren Kopf durch den Türspalt, fragt, ob die Behandlung wieder losgeht. Lincoln blickt kurz zu ihr. Sie hat recht, die Sache ist verrückt. Die Welt ist verrückt!

Er bedauert, dass es so weit gekommen ist, aber er hat nicht vor, diesem Konflikt auszuweichen. »Butler, wollen Sie mein Sekundant sein?«

Mr. Butler sieht ihn mit großen Augen an. »Wenn es keine andere Lösung gibt, ja.«

»Können Sie mir ein Breitschwert besorgen?«

»Ein Breitschwert?« Mr. Butler ist verwirrt, während Lincoln sich an den Tisch setzt und in einem Antwortschreiben seine Konditionen für das Duell festlegt: *Die Waffe meiner Wahl wird das Breitschwert sein. Wir werden uns am Donnerstag dem 10. August auf Bloody Island treffen, um 5 Uhr am Morgen. Da es nun aber so weit gekommen ist, wollen wir das Duell rasch hinter uns bringen.*

Er taucht die Feder ins Tintenfässchen, kleckst seine Unterschrift unter den Brief und liest ihn sich noch einmal durch. Bei Lincolns Körpergröße und Armlänge verschafft das Breitschwert ihm einen Vorteil, der auch Mr. Shields bewusst sein dürfte. Ob Shields kneift? Lincoln wünscht es sich.

Er faltet den Brief und gibt ihn Mr. Butler. Als er allein ist, pinselt er sich mit Seife ein und rasiert sich. Das Messer fährt kratzend über seinen Hals und seine Wangen. Wenn er seines Lebens müde ist, geht es auch einfacher. Aber er will leben, für Mary. Er bindet sich seine Fliege um, setzt sich seinen Zylinder auf und macht sich auf zu Mr. und Mrs. Francis, wo er mit ihr verabredet ist. Sie müssen dringend reden.

»Du hast was?«

Er hat geahnt, dass sie verständnislos reagiert, aber dass sie weinen und schreien würde, damit hat er nicht gerechnet. Tränen laufen über ihre Wangen, und ihre Augenbrauen sind wie zwei Blitze, die sich in der Mitte ihrer Stirn treffen. Mr. und Mrs. Francis haben sich verdrückt, als sie merkten, dass es zu einem Streit kommen würde. Es ist früher Abend, und die Luft im Zimmer ist stickig.

Er bereut es, sich mit ihr in einem fremden Haus zu treffen. Er hält sie an den Oberarmen, versucht sie zu beruhigen. »Mit dem Breitschwert hat er keine Chance gegen mich. Das weiß er, deshalb wird er das Duell kurz vorher absagen.«

»Ich kann behaupten, dass ich die Artikel geschrieben habe. Eine Frau wird nicht zum Duell herausgefordert.«

»Nein, kommt nicht infrage.«

Das alles überfordert ihn, sein Kopf dröhnt. Er hofft, dass die Francis' noch nichts vom Duell wissen. Je mehr Menschen an dieser ärgerlichen Geschichte beteiligt sind, umso komplizierter wird es. Wo ist Mrs. Francis jetzt? Eben hat er sie noch mit der Heckenschere vorm Fenster gesehen, jetzt hält sie bestimmt ihr Ohr an die Wand und lauscht. Mrs. Francis ist gutmütig, aber sie redet gern und viel.

Er dreht den Docht der Öllampe weiter auf, und als er sich wieder umdreht, ist Mary fort. Die Zimmertür steht offen, und auch die Tür zum Garten. Er denkt an den Fluss gleich hinter dem Grundstück, nimmt die Öllampe und folgt Mary nach draußen. Er findet sie im Zwielicht bei den Rosenstöcken. Die Schatten haben sich zum Konzert der Grillen versammelt, eine blasse Abendgesellschaft, die ihn schon erwartet. Und dazwischen steht Mary, das Gesicht so dunkel, dass er nicht erkennen kann, ob sie zu ihm blickt. »Hier bist du.«

»Warum gefährdest du uns wieder?«

»Uns? Shields weiß nicht, dass du …«

»Ich meine unsere Liebe. Unsere Zukunft.«

Darum geht es also. Aber er weiß nicht, was er sagen soll. Außerdem ist er sich sicher, dass Mrs. Francis lauscht.

Er streckt einen Arm nach ihr aus, legt eine Hand auf ihre Wange, ihr Kopf glüht. Was geht in ihr vor? Hat sie Kopfschmerzen? Wie sieht ihr innerer Wald aus? Kahl und zerbrechlich wie seiner? »Du brauchst keine Angst um mich zu haben.«

»Du sagst das, als wärst du schon tot. Du bist nie richtig in der Welt angekommen. Du willst mich wieder verlassen, notfalls als Toter.«

»Das stimmt nicht. Ich glaube wirklich, dass es gut ausgeht. Ich liebe dich!«

Er hört Mary schluchzen. Ihr kleiner Körper pulsiert, sie
schmiegt ihr Gesicht gegen die Innenseite seiner Hand, und
warme Flüssigkeit rinnt durch seine Finger.

»Ich liebe dich auch«, flüstert sie. »Aber das hier, dieses
Versteckspiel, will ich nicht länger haben.«

»Wir könnten heiraten.«

Ihr Kopf hebt sich. »Könnten?«

»Heirate mich! Willst du mich heiraten?«

Jetzt bewegt sich seine Hand auf ihrer Wange auf und ab,
ihr Kopf nickt heftig. »Ja!«

Mit der anderen Hand hebt er die Öllampe hoch, sodass
ihre beiden Gesichter erhellt werden. Er sieht ihre verwein-
ten Augen, aber ihr Mund lächelt. Ein Zelt aus Licht spannt
sich über ihnen aus, ein warmes Gelb. Soll Mrs. Francis ruhig sehen, wie sie sich küssen.

NEUE GEISTER

Seit Waldo zurückgekehrt ist, hat Thoreau ihn nur ein paar Mal zufällig getroffen. Sie verabreden sich nicht, nehmen sich keine Zeit für längere Gespräche, und darüber ist Thoreau fast froh. Zwischen ihnen gibt es eine Distanz, die sogar gewachsen ist, seitdem sie wieder im selben Städtchen wohnen.

An einem verregneten Samstag, den er in seiner Dachkammer verbringt, erzählt seine Schwester ihm, dass Waldo ihn herablassend als »Anführer einer Gruppe von Heidelbeerpflückern« bezeichnet hat. Er kann es zunächst nicht glauben. Warum ist Waldo so gehässig?

»Er meint es bestimmt nicht so«, sagt Sophia.

»Doch. Für ihn bin ich bloß der Heimatkundler der Stadt. Er möchte, dass ich mehr Zeit in den intellektuellen Kreisen Bostons verbringe, aber ich bin zufrieden mit meinem Leben. Meine Waldspaziergänge sind mir wichtiger als Ruhm.«

Sein Dachboden ähnelt inzwischen der Requisitenkammer eines Theaters, so viele Tier- und Pflanzenpräparate stehen dort zwischen Büchern und mit Laken verhangenen Möbeln. Die Tiere waren alle schon tot, als er sie fand und zum Präparator brachte. Manchmal redet er mit den Präparaten, als wären sie seine einzigen Freunde. Nur sein Bett, das voller Kissen ist und über dem ein Algonkin-Traumfänger baumelt, bringt eine gewisse Gemütlichkeit in die Kammer.

Immerhin hat die *Boston Society of Natural History* ihn zum korrespondierenden Mitglied gewählt. Darauf ist er sogar ein wenig stolz, und er hätte es Waldo gern erzählt. Aber jetzt ist ihm die Lust dazu vergangen. Der Anführer einer Gruppe von Heidelbeerpflückern? Ab und zu lockt seine Tier- und Pflanzensammlung sogar Wissenschaftler aus Harvard an, denen er dann Vorträge über die Wälder Neuenglands hält. Es sind Besuche, die ihn anstrengen, er muss dann sein Bett machen und sich kämmen. Er wird niemals ein Salonlöwe wie Waldo sein, ein Titelsammler und Repräsentant.

Manchmal blickt er wehmütig auf seine Zeit am Waldensee zurück und weiß nicht so recht, warum er seine Hütte verlassen hat. War es eine überstürzte Entscheidung? Der Ort kam ihm nach der Verhaftung von Grace und Anthony irgendwie entweiht vor. Hier, in der Stadt, fühlt er sich jedenfalls oft einsam.

Im Sommer stirbt Margaret Fuller überraschend bei einem Schiffsunglück vor New York. Sie war auf der Rückreise aus Europa, und ein Romanmanuskript befand sich in ihrem Gepäck, das nun für immer verschollen ist. Waldo regt einen Gedächtnisband zu ihren Ehren an, für den sie eifrig Texte sammeln. Die kleine Gruppe trifft sich im alten Pfarrhaus der Hawthornes, sie diskutieren und erinnern sich an die gemeinsame Freundin. Ms. Fuller war schwierig, aber das kann man über jeden von ihnen sagen. Sie alle haben hohe Ansprüche an sich selbst und andere.

Im Gedächtnisband für Margaret Fuller veröffentlicht Thoreau auch einen ersten Auszug aus seinem Walden-Manuskript. Zwei Wochen später erhält er ein Telegramm des Verlags Ticknor & Fields mit einem großzügigen Angebot. Im Mai des Jahres 1854 erscheint *Walden oder Leben in den Wäldern* in einer Auflage von zweitausend Stück. Es ist die siebte Fassung, die

Thoreau letztlich zum Druck freigibt, nachdem er Jahre daran gearbeitet hat. Der Umschlag zeigt seine Hütte am See, von Louisa May Alcott mit einem Thoreau-Bleistift gezeichnet.

In den ersten Wochen nach Erscheinen des Buchs spaziert Thoreau aufrecht durch die Stadt, bereit, sich mit den Leuten zu streiten, schließlich handelt das Buch auch von ihnen. Aber niemand hat das Buch gelesen. Er nimmt Glückwünsche von Waldo und von Hawthorne entgegen und kümmert sich nicht weiter darum, dass die Verkaufszahlen hinter den Erwartungen zurückbleiben.

Sein Leben ändert sich nicht wesentlich. Er übernimmt Gelegenheitsarbeiten als Landvermesser, zeichnet wilde Früchte, um sie vor dem Vergessen zu bewahren, oder beschreibt akribisch, wie sich Bäume nach einem Waldbrand erholen. Oft liegt er aber auch einfach in seinem Bett in der Dachkammer und liest die Klassiker. Immerhin erscheinen ein paar Rezensionen zum Buch. Das *Providence Journal* bezeichnet *Walden* als scharfsinnig und exzentrisch, die North American Review dagegen kann nicht viel damit anfangen und findet das Vorhaben, in den Wald zu ziehen, romantisch und irrational. Gelegentlich überbringen ihm Sophia oder seine Mutter Briefe mit Autogrammwünschen. Eine geplante Vortragsreise wird wegen geringer Nachfrage abgesagt.

Im Februar stirbt sein Vater an einem Schlaganfall, und bis die Nachfolge geklärt ist, übernehmen er und seine Schwester die Leitung der Bleistiftfabrik. Er bezieht ein Büro im Fabrikgebäude, wo er als Kind mit den Sägespänen und dem dunklen Bleipulver gespielt hat. Aber nun ruft der Staub einen bösen Husten bei ihm hervor, der ihm nicht erlaubt, länger als eine Stunde in der Fabrik zu bleiben. Die Anlagen, die er einst modernisieren ließ, werfen inzwischen Gewinne ab, und Thoreau-Bleistifte sind im ganzen Land bekannt. Trotzdem wird er in diesem Leben kein Unternehmer mehr werden, das weiß er. Er mag es nicht, den Arbeitern Anweisungen zu geben, und er mag es nicht, um die Einkaufspreise zu feilschen. Der Handel ist der Lieblingspfad des Teufels, und Thoreau hat nicht vor, diesen Weg zu gehen.

Die Beerdigung seines Vaters wird von einem aktuellen politischen Ereignis überschattet. John Brown und seine Bande haben ein Massaker verübt, wobei die radikalen Abolitionisten fünf Befürworter der Sklaverei erstachen. Die Zeitungen sind voll davon und die Meinungen der Stadtbewohner gehen auseinander. Das Kopfgeld auf John Brown beträgt nun dreihundert Dollar, und nach der Beerdigung meint Hawthorne, auch das sei noch zu wenig für das, was dieser Dreckskerl getan habe.

»Die Leute warten schon zu lange auf Veränderungen«, antwortet Thoreau, während sie die kleine Friedhofskapelle hinter sich lassen. Er blickt zum Himmel, wo ein Seeadler kreist, vielleicht der Geist seines Vaters.

»Heißt das, du applaudierst einem Mörder?«

»Das tue ich nicht. Aber ich verstehe, warum er sich radikalisiert hat.«

»Du warst zu lange allein im Wald.«

Vielleicht hat Hawthorne ja recht. Er steht außerhalb der Gesellschaft, so wie John Brown, und wäre er länger im Wald geblieben, wer weiß, vielleicht wäre auch er militant geworden. Aber er will sich an diesem Tag, kurz nach der Beerdigung, nicht streiten. Besorgt dreht er sich um, Sophia und seine Mutter gehen unter schwarzen Schleiern hinter ihm, ihre Münder sind strenge Striche. Er gibt Hawthorne ein Zeichen, still zu sein.

DIE INNEREN WÄLDER

Da James Shields von seiner Forderung nach einem Duell nicht abrückt, treffen sich die Kombattanten bei einer Insel im Mississippi, die schon nicht mehr zu Illinois gehört, sondern zum benachbarten Missouri, wo Duelle erlaubt sind. Damit, so tröstet sich Lincoln, macht er sich wenigstens nicht strafbar.

Er hat Mr. Butler als Sekundanten dabei, Shields kommt mit einem gewissen Mr. Whiteside. Sie nicken sich zur Begrüßung zu und setzen schweigend mit der Fähre über. Drüben schlagen sie sich durchs Gebüsch bis zu einer kleinen Lichtung. Der Ort ist berüchtigt, 1837 wurde hier ein abolitionistischer Verleger erschossen. Die Wolken, die jetzt am Morgen noch über den Fluss treiben, verfangen sich in den Büschen der Insel. Lincoln stakt durch hohes Gras, zupft sich eine Klette vom Ärmel. Als er mit dem Schwert probeweise um sich schlägt, ist es, als ob er den Nebel in Stücke haut.

Er fühlt keine Furcht und keine Panik, sondern unendliche Ruhe. Wahrscheinlich ist er bloß müde, denn er war die ganze Nacht wach. Aneinandergeklammert wie Ertrinkende lagen er und Mary in seinem Bett im Haus der Butlers.

Die Anweisungen, wie mit seiner Leiche zu verfahren sei, hat er Mr. Butler schriftlich mitgeteilt. Butler wird es auch sein, der Mary die Nachricht seines Todes überbringt, aber daran denkt er jetzt nicht. Er wirft seinen Zylinder ins Gras und lässt seine Hüften zur Lockerung kreisen.

»Haben Sie das auf der Farm gelernt?« ruft Shields.

»Keine Provokationen«, mahnt ihn Mr. Butler.

Shields hat sein Schwert in die Erde gerammt und steht grübelnd, mit verschränkten Armen, am anderen Ende der Lichtung. Er wirkt verkatert. Hat er die Nacht in einer Kneipe verbracht? Lincoln kann seine Angst bis zu sich spüren.

Während die beiden Sekundanten ein Brett auf den Boden legen und das Gras flachtreten, kann Lincoln es kaum erwarten, dass der Kampf beginnt. Wenn er stirbt, hat die Welt nichts verloren. Was er anfasst, geht schief.

Ein Specht hämmert in einer Baumkrone über ihm Alarm. Seine Hosenbeine sind nass vom Tau, Kälte kriecht ihm die Waden hoch. Ganz nah hört er das Rascheln sich plusternder Federn, zwei schwarze Knopfaugen beobachten ihn.

Der Griff des Breitschwerts liegt gut in der Hand, die Waffe ist nicht zu schwer. Er säbelt mit der Klinge Äste aus den Büschen, haut schnell und präzise wie ein Automatenmensch, den er mal auf einem Jahrmarkt gesehen hat. Er schlägt so besessen gleichmäßig, dass er sich fast schon verausgabt. Hat er sich noch unter Kontrolle? Sein Atem erzeugt Wölkchen. Er lässt den Arm mit der Waffe sinken und schließt seine Augen.

Unter seinen Lidern rieselt es. Affekte haben ihn hierhergebracht, nichts als Affekte. Er begreift sich wieder mal selbst nicht. Er öffnet seine Augen, haut ein paar Preiselbeeren weg, anstatt sie sich in den Mund zu stecken. Das Leben könnte süß sein, vielleicht sogar heilig, wie die Bibel sagt. Heute Morgen hatte er keine Zeit zu frühstücken, und jetzt knurrt sein Magen. Die Knopfaugen im Gras, das schutzlose Knäul fällt ihm wieder ein. Er sucht das Vögelchen, will es an einen sicheren Platz forttragen, aber da rufen die Sekundanten zum Duell.

Die Rücken einander zugewandt, stellen sie sich ans Brett. Lincoln hält sein Schwert aufrecht, die Klinge schwankt vor seiner Nase wie ein Schiffsmast auf hoher See. Sein Blick schweift ab. Er sieht über den Baumwipfeln den Sonnenaufgang, flirrende Birkenblätter, weiße Stämme. Vielleicht sind Birken meine Lieblingsbäume, denkt er. Was Shields denkt, weiß er nicht. Wahrscheinlich bereut er es längst, ihn herausgefordert zu haben.

Sie befolgen genau die Regeln. Offenbar kann man in Recht und Ordnung untergehen, denkt er. Als Mr. Butler zu zählen beginnt, entfernen sich die Duellanten Schritt für Schritt voneinander. Bei fünf drehen sie sich um und der Kampf beginnt.

Aber als Lincoln sich umdreht, will er nicht mehr kämpfen. Er hat sich selbst zu wichtig genommen, seine Gefühle, seine politische Karriere. »Mir ist das hier zu persönlich.«

»Bitte?« Shields steht breitbeinig im Gras, verlagert sein Gewicht wie ein Amateurringer, hat vom Fechten offensichtlich keine Ahnung.

»Mich betrübt, dass wir hier mit einem Trick illinoissches Gesetz umgehen. Das ist eines Politikers unwürdig.«

»Dann blasen wir die Sache eben ab«, sagt Butler, und Whiteside neben ihm nickt heftig.

Shields lässt sein Schwert sinken. Lincoln geht mit ausgestreckter Hand auf ihn zu, sie werden nicht kämpfen, sich nicht auf dem Waldboden wälzen, werden sich nicht töten. Er entschuldigt sich für die Rebecca-Briefe. Die waren gemein und dumm. Mr. Butler seufzt erleichtert.

Inzwischen ist es Vormittag. Sie vereinbaren Stillschweigen über die Sache und verlassen die Fluss-Insel, stehen wieder auf der Fähre, diesmal beieinander, und freuen sich aufs

Frühstück. Fischer in flachen Booten haben Netze ausgeworfen, beobachten die ungewöhnliche Ansammlung von Gentlemen.

Im Herbst wird Lincoln ins Staatsparlament von Illinois gewählt. Weil aber einige Parteikollegen von seinem Duell erfahren haben, scheitert seine Nominierung für den Bundeskongress. Allerdings setzt Lincoln ein Rotationsprinzip durch, wodurch er zwei Jahre später automatisch nominiert werden soll.

Derweil wird die Hochzeit vorbereitet, Mary lässt sich ein Kleid nähen und Lincoln sich einen neuen Zylinder anfertigen. Die Trauung soll auf Joshuas Plantage stattfinden, mit nur wenigen Gästen. In Springfield passt er Ninian Edwards wie zufällig auf der Straße ab, um auch ihn einzuladen. »Ich hoffe, unsere Ehe wird Ihren Segen haben.«

»Ich halte es immer noch für einen Fehler. Entschuldigen Sie, ich habe es eilig.« Ninian hebt kurz seinen Hut und geht weiter.

»Warum ein Fehler?« ruft er hinterher. »Weil ich nicht so viel Geld wie Sie geerbt habe?«

Er sieht, wie Ninian den Kopf schüttelt. Armer Mann, gefangen in veralteten Vorstellungen. Lincoln geht an Joshuas früherem Laden vorbei, vor dem sich nun eine Prostituierte ihr Strumpfband hochzieht. Er erinnert sich, wie er auf einem Esel in Springfield eingeritten ist. Damals war die Hauptstraße noch ungepflastert, es stank erbärmlich und nach Sonnenuntergang war es stockduster. Aber allmählich verwandelt sich die Grenzstadt in Hinterland, es gibt nun Straßenlaternen, und in den Vorgärten wachsen keine Rüben mehr, sondern Zierblumen. Abflussrohre wurden verlegt, ein neuer Bahnhof mit überdachtem Bahnsteig wurde gebaut und die Stadt ans landesweite Telegraphennetz angeschlossen. Neue Verbindungen, die die Welt stabiler machen. Die Gesellschaft verändert sich ständig. Lincoln wird nicht müde, in seinen Reden darauf hinzuweisen.

Aber nachts liegt er immer noch wach, zählt seine Atemzüge, belauert den schlafenden Hund in ihm. Die kleinste Erschütterung kann das Tier wecken, dann fletscht es seine Zähne und jagt ihn durch seine inneren Wälder.

Zwei Wochen später findet in Louisville die Trauung statt. Die Zuckerrohrernte wurde eingebracht, auf den Feldern stehen nur noch die kurzen Stümpfe. Als Kind, auf der Farm seines Vaters, war das die Zeit, in der es nach Herbstfeuern roch. Daran denkt er jetzt, als sein Vater und seine Stiefmutter auf der Plantage eintreffen. Auch Marys Schwester und Tilda reisen an, ebenso die Francis' und die Butlers. Ninian Edwards und Marys Vater dagegen nicht.

Joshua, in feinem Zwirn, bringt Tilda persönlich zu den Gästezimmern; entgegen früherer Behauptungen hegt er doch noch Hoffnungen bei ihr. Lincoln hat dafür gesorgt, dass die beiden während der Trauung nebeneinander sitzen.

Ihn erreichen Glückwünsche aus allen Landesteilen. Er ist nun ein aufstrebender Politiker, und viele wollen sich schon jetzt mit ihm gutstellen. Die Briefe und Postkarten füllen einen Wäschekorb, der in einer Ecke seines Zimmers im Gutshaus steht. Lincoln trägt seinen neuen Zylinder und einen neuen Anzug. In einer halben Stunde soll die Trauung beginnen. Er betrachtet sein hageres Gesicht im Spiegel, die unansehnliche kleine Warze über dem rechten Mundwinkel. Es ist fast ein Wunder, dass Mary ihn nimmt, so wie er ist.

Gleich wird Joshua ihn holen und sie werden zur kleinen Familienkapelle der Speeds fahren. Er hat Mary vorhin im weißen Kleid über den Hof huschen sehen, ein bezaubernder Wirbelwind.

Während der Trauung werden die Sklaven der Plantage gleichberechtigt unter den Gästen sitzen, so hat es das Paar angeordnet. Sie haben auch eine Rede verfasst, haben ihre zwei Stimmen zu einer geschmiedet, wie bei den Rebecca-Briefen. Eine kurze Ansprache, die sie nach der Trauung vorlesen wollen, über ein paar grundlegende Fragen ihrer Zeit.

HOLZIG

Die Sägespäne in der Bleistiftfabrik greifen Thoreaus Lunge an, bald spuckt er Blut. Oder vielleicht liegt es an den Tierpräparaten, die teilweise schimmeln und wahre Tummelplätze für Milben sind. Er entfernt sie aus seiner Kammer, lüftet, geht nicht mehr in die Fabrik, aber der Husten bleibt.

Bald muss er seine Waldspaziergänge aufgeben, weil er nach wenigen Schritten außer Atem ist. Vorträge kann er erst recht nicht mehr halten. Als der Arzt ihm mit dem Stethoskop die Brust abtastet, rasselt es wie eine Schachtel voll trockener Erbsen. Eine Tuberkulose wird diagnostiziert, die Krankheit, an der auch schon sein Bruder litt.

Die meiste Zeit des Tages verbringt er nun in seiner Dachkammer im Bett. Auf der Wolldecke vor ihm liegt die *New York Tribune*, mit einem weiteren Artikel über sein Walden-Buch, das anscheinend nicht totzukriegen ist. Inzwischen gilt es als Geheimtipp, und ein Buchhändler in Boston wirbt mit dem Slogan: *Für Menschen, die sonntags nicht in die Kirche gehen.* Der Verlag hat die Rechte nach England und Frankreich verkauft.

Außerdem liest er in der Zeitung, dass John Brown und seine Männer, darunter einige entflohene Sklaven, ein Waffenlager der US-Armee überfallen haben. Soldaten stürmten das Gebäude und nahmen Brown gefangen, jetzt wartet er im County Gefängnis von Jefferson auf seine Hinrichtung.

Manche werden nun sagen, das geschieht ihm recht. Thoreau ist ihm nur zweimal begegnet, aber sein Gesicht kann er nicht vergessen. Ein Zeichner der *Tribune* hat versucht, die Szene der Verhaftung festzuhalten, wobei die Figuren theatralische Posen einnehmen, so als stünden sie auf einer Theaterbühne. Er hält die Zeitung näher vor seine Augen, um zwei andere Personen im Hintergrund genauer zu betrachten. Die eine ist Reverend Channing, und in der anderen glaubt er Anthony zu erkennen. Er lässt die Zeitung sinken. Damals im Wald hat er ihn von Sam Staples festnehmen lassen, als gäbe es keine Alternative. Wenn der Junge am Galgen landet, ist das auch seine Schuld.

Er hustet, hält sich ein Taschentuch vor den Mund, schaut sich den blutigen Auswurf an. Dann greift er nach einem Bleistift und notiert sich etwas auf den Zeitungsrand. John Brown ist nicht das Ungeheuer, für das ihn jetzt alle halten. Die Zustände in diesem Land sind ungeheuerlich! Die Leute haben eine vorgefertigte Meinung, manche verurteilen Brown und seine Gefolgsleute nur, weil sie wenige sind. Aber wann waren die Gerechten und Mutigen je in der Mehrheit?

Hätte er sich dem Widerstand anschließen sollen? Vielleicht hätten die vielen Sprenkel, aus denen sein Leben besteht, dann besser zueinandergepasst? Er kämpft sich aus dem Bett, schnaufend und hustend, um den Nachttopf aus dem Fenster zu kippen. Sophia mag das nicht, und deshalb schaut er vorher durch die kleine Luke, ob unten jemand steht. Er erhascht einen Blick auf ferne Baumwipfel, atmet tief ein, lauscht. Dann schlürft er mit krummem Rücken zum Bett zurück, wie ein Kobold, der in einem hohlen Baum wohnt. Das Fenster lässt er offen, vielleicht hört er ja einen Uhu rufen, vielleicht spricht ein Waldgeist mit ihm.

Von der Tür kommt ein Räuspern. Miss Alcott besucht ihn. Neuerdings liest sie ihm aus einem Roman vor, an dem sie schreibt. Die Geschichte handelt von einer Gruppe quirliger, junger Frauen, so viel hat er verstanden. Er ist ein unaufmerksamer Zuhörer, er denkt mehr an seine eigenen Arbeiten, an all das, was noch zu erledigen ist. Ein Plädoyer für John Brown will er schreiben, einen Aufsatz über Cape Cod, ein Wörterbuch der Algonkin-Sprache. Aber wofür das alles?

»Falls mein Buch einmal veröffentlicht wird«, sagt Miss Alcott, »werde ich es Ihnen widmen.« Sie setzt sich auf den Hocker neben seinem Bett.

»So werde ich doch noch berühmt«, murmelt er.

»Ist es Ihr Wunsch, berühmt zu werden? Das kann ich mir nicht vorstellen. Es passt gar nicht zu Ihnen.«

Er denkt über das Bild nach, das sie offenbar von ihm hat. »Früher, ja. Ich war ehrgeizig, wollte so berühmt werden wie Emerson. Aber berühmt zu werden bedeutet, tiefer zu fallen als nur bis auf die Erde. Schau dir Waldo an, dann weißt du, was ich meine.«

Seine offensichtliche Verbitterung macht Miss Alcott verlegen, und auch ihm sind diese alten Kämpfe lästig. Er zwingt sich zu einem Lächeln, zieht mit Mühe die Schublade seines Nachtschränkchens auf und holt eine Pfeilspitze heraus. »Tragen Sie die bei sich, als Glücksbringer!«

Sophia kommt mit frischer Bettwäsche herein, sie hat ihn gehört und schmunzelt. Ihr Bruder und seine Pfeilspitzen. Aber jetzt ist es Zeit, das Laken zu wechseln, und Miss Alcott ist rücksichtsvoll genug, sich zu verabschieden.

Reverend Channing und Anthony Fitzgerald werden zu langen Haftstrafen verurteilt, John Brown zum Tod am Galgen. Am Tag der Hinrichtung sorgt Waldo dafür, dass die Kirchenglocken in Concord zu seinem Gedenken läuten.

Thoreau liegt im Bett, hört die Glocken, wedelt sich mit der Zeitung Luft zu und hat das Gefühl, zu ersticken. »Hast du gelesen, was dieser Lincoln über John Brown sagt?«, fragt er Sophia.

Sie wartet in der Tür, während er mit pfeifender Lunge aus dem Zeitungsartikel vorliest: *»John Brown wurde wegen Verrats hingerichtet. Gegen diese Entscheidung sollte man sich nicht auflehnen, auch wenn Mr. Brown unsere Auffassung über die Sklaverei teilte. All dies kann die Gewalt nicht entschuldigen, und die Tatsache, dass John Brown sich im Recht sah, entschuldigt ihn ebenfalls nicht.«*

Er blickt auf, schüttelt den Kopf. »Kannst du das begreifen?«

Sophia seufzt, sie will nicht mit ihm streiten, sie weiß, dass er unverbesserlich ist. Er knüllt die Zeitung zusammen, beschließt, von nun an wirklich keine Zeitungen mehr zu lesen. Seine Schwester hält ihm ihre Hand an die glühend heiße Stirn. Vor ein paar Monaten hat sie ihn noch angefleht, mit ihr in den Süden zu ziehen, wo das Klima seine Tuberkulose lindern könnte. Aber er weigerte sich, und jetzt glaubt auch Sophia nicht mehr daran, dass er wieder gesund wird.

Waldo besucht ihn jetzt öfter, spricht mit Thoreau wie mit jemandem, auf den man Rücksicht nehmen muss, weil er nicht mehr lange lebt. Thoreaus Wangen sind eingefallen, sein Blick ist starr. Tagsüber bleibt er im Pyjama, zum Missfallen Sophias und zur Belustigung Waldos, der ihm heute eine Zeitung mitgebracht hat.

Thoreau stöhnt. »Du weißt doch, dass ich keine Zeitungen mehr lese. Noch nie hat in Zeitungen etwas Vernünftiges gestanden!«

»Aber hast du gehört, dass ein Bürgerkrieg droht?« Waldo zeigt ihm den Artikel auf der ersten Seite. Elf Südstaaten haben den Wahlsieg Abraham Lincolns zum Präsidenten als Anlass genommen, um aus der Union auszutreten.

»Sophia hat mir davon erzählt. Der neue Präsident ist auch nicht besser als die alten.«

Emerson setzt sich neben ihm aufs Bett. »Ich habe ihn im Weißen Haus besucht. Er scheint ein ehrlicher Mann zu sein, und er wird das Land verändern.«

»Oho, der große Philosoph wird im Weißen Haus empfangen! Du eitler …« Ein Hustenanfall durchschüttelt ihn, er klingt wie eine böse Krähe. Er sucht Waldos Hand, legt seine darauf. »Entschuldige. Ich bin ein Sturkopf, ich weiß.«

Herzlichen Dank an Johanna, Sven und Sarah,
sowie an die Lydia-Eymann-Stiftung für die großzügige
finanzielle Unterstützung.

Bibliografische Information der Deutschen Nationalbibliothek
Die Deutsche Nationalbibliothek verzeichnet diese Publikation in der Deutschen
Nationalbibliografie; detaillierte bibliografische Daten sind im Internet über
http://dnb.d-nb.de abrufbar.

© by S. Marix Verlag in der Verlagshaus Römerweg GmbH, Wiesbaden 2021
Lektorat: Anna Schloss, Wiesbaden
Covergestaltung: Anja Carrà, Weimar
Bildnachweis: Anja Carrà, nach einer Illustration von Alexandr Bakanov –
stock.adobe.com
Satz: SATZstudio Josef Pieper, Bedburg-Hau
Der Titel wurde in der Times New Roman gesetzt.
Gesamtherstellung: CPI books GmbH, Leck – Germany

ISBN: 978-3-7374-1173-8

Mehr über Ideen, Autoren und Programm des Verlags finden Sie auf
www.verlagshausroemerweg.de und in Ihrer Buchhandlung.